Le vrai état de la France

Du même auteur

La France peut-elle tenir encore longtemps ?, Albin Michel, 2021.

En marche vers l'immobilisme, Albin Michel, 2018 (prix de littérature politique Edgar-Faure).

Ce que doit faire le (prochain) président, Albin Michel, 2017.

On va dans le mur..., Albin Michel, 2015.

60 Milliards d'économies !, Albin Michel, 2013.

Les Fonctionnaires contre l'État, Albin Michel, 2011.

"La mondialisation va-t-elle... nous tuer ?", JC Lattès, coll. « Idées fausses, vraies réponses », 2008.

Agnès Verdier-Molinié

Le vrai état de la France

Éditions de L'Observatoire

ISBN : 979-10-329-2364-1
Dépôt légal : 2022, janvier

3e tirage : 2022, février

170 *bis*, boulevard du Montparnasse, 75014 Paris

Introduction

En septembre 2020, 78 % des Français pensaient que la France était en déclin, selon un sondage Ipsos. En septembre 2021, ils étaient encore 62 %, selon un sondage CSA. Qu'en est-il à la veille des élections présidentielles ? L'effondrement est-il devant nous ? Est-il inéluctable ? Ou réversible ?

Nous rentrons dans la période où tout est possible. Pile, la France continue à décrocher. Face, on redresse la barre. Mais encore faudrait-il savoir pourquoi et en quoi nous n'avons pas le bon cap. D'autant que le temps des tempêtes n'est pas terminé avec l'inflation qui pointe de plus en plus son nez, les bulles qui gonflent et les tensions géopolitiques qui se cristallisent. Nous avons collectivement intérêt à ce que l'embarcation France soit solide. Les défis à relever sont vertigineux.

Une certitude d'abord : nous sommes en pleine phase de ce que l'on pourrait appeler « la préparation de la mariée ». À en croire certains, le pouvoir d'achat n'aurait jamais autant augmenté, la croissance serait la meilleure de tous les pays d'Europe sur les cinq dernières années, les impôts n'auraient jamais autant baissé, le chômage n'aurait jamais été si bas, les crimes et délits seraient en baisse, les obligations de quitter le territoire seraient respectées… Bref, tout irait pour le mieux dans le meilleur des mondes.

Ajoutons ceux qui n'hésitent pas à noircir le tableau avec des évaluations fantasques et exagérées sur la fiscalité, sur les fraudes fiscales ou sociales, sur l'insécurité, sur le coût de la transition énergétique… Autant de discours qui n'aident pas les Français à s'y retrouver.

Il est vrai que l'on peut faire dire beaucoup de choses à des statistiques dont on ne voit pas toujours le double fond.

Cela fait penser au rapport du Conseil d'orientation des retraites assurant en juin 2016 qu'il n'y avait plus de financement des pensions et qui un an après, en juin 2017, affirmait tranquillement que le déficit des retraites serait entre 10 et 30 milliards par an d'ici 2035 ! Nous sommes entrés dans une période qui manie *fake news* et mise sous le tapis des données – les *fake news* venant de tous bords.

L'usage de la Ve République veut que le nouveau gouvernement, au sortir de l'élection présidentielle, commande un audit à la Cour des comptes sur l'état du pays quand il arrive au pouvoir… Mais c'est déjà trop tard. Les Français ont déjà voté sur un programme. Le coup est parti. Souvent de travers. Par manque de connaissance de l'état réel du pays.

Ne serait-il donc pas plus judicieux pour nos compatriotes d'avoir accès à cet audit *avant* les élections ? De connaître le vrai état du pays *avant* d'aller voter ? C'est la position de la Fondation iFRAP, un institut de réflexion indépendant qui évalue les politiques publiques et travaille à des propositions concrètes visant à rétablir l'équilibre des comptes publics tout en créant des entreprises et des emplois.

Mais, a-t-on encore le droit de donner les vrais chiffres ? À ce stade, la Cour des comptes et le Parlement se montrent étrangement coulants sur les finances publiques. Les rapports censés évaluer la gestion de la France sont de plus en plus lénifiants. Comme si tous les dispositifs d'alerte avaient été désactivés un à un.

Comment avoir une prospérité économique dans le pays qui taxe le plus ses entreprises ? Dans le pays qui pénalise le plus les revenus du capital ? Qui désincite à l'investissement productif ?

Comment avoir une prospérité économique dans le pays qui travaille le moins par habitant ? Dans le pays qui préfère faire des chèques aux entreprises et aux ménages plutôt que de baisser les impôts ? Dans le pays qui dilapide la dépense sociale en désincitant au travail ? Dans le pays qui ferme les yeux sur la fraude sociale comme si c'était moins grave que la fraude fiscale ?

Comment avoir une prospérité économique dans le pays qui vote loi sur loi, sans prendre en compte vraiment leur impact sur les entreprises et les emplois ? Qui vote des lois comme la loi Climat et Résilience sans afficher l'explosion de taxes qui va en découler ?

Comment avoir une prospérité économique quand tout est fait pour que le Parlement ne puisse pas évaluer l'utilisation de l'argent public ? Quand on reproche même leur droit d'amendement aux parlementaires ?

Comment avoir une prospérité économique dans un pays qui a renoncé à enseigner les bases de compréhension de la lecture et des mathématiques à 50 % de la jeunesse des quartiers dits sensibles ?

Comment avoir une prospérité économique dans un pays qui ne maîtrise plus ses flux migratoires ? Qui ne fait pas respecter son ordre juridique et accepte *de facto* des centaines de milliers de résidents illégaux qui travaillent de manière non déclarée, soit sur des emplois classiques, soit sur des jobs précaires dans des activités illégales ? Comment avoir une prospérité dans un pays qui n'applique pas l'intégralité des peines, car les prisons sont surchargées ?

La réalité de la France, c'est une fuite en avant : le pays qui emprunte le plus, qui taxe le plus, qui dépense le plus, qui ne parvient pas à faire baisser durablement la pauvreté, le chômage, l'insécurité ; un pays dur avec ceux qui respectent les lois et faible avec ceux qui ne les respectent pas.

La meilleure méthode pour avoir une bonne vision de la situation ? C'est de comparer.

La France est maintenant le 23e pays en richesse par habitant selon le FMI. Les données sont là, sans concession. Elles ne sont ni polémiques ni politiques – elles sont juste l'état de la France, le vrai. Un Français averti en vaut deux. Chaque citoyen doit en avoir connaissance avant d'aller voter.

Il n'est pas trop tard pour découvrir le chemin de crête, pour retrouver la prospérité perdue. Mais il n'est plus temps d'emprunter la stratégie des petits pas. « Connais-toi toi-même », nous dit Socrate. Pour prendre les décisions lourdes et fondatrices qui s'annoncent avec des années 2022 et 2023 qui seront probablement chahutées par l'inflation, par les négociations européennes sur les nouvelles règles budgétaires, par les tensions géopolitiques, par les prix des matières premières, nous devons connaître les atouts et les faiblesses de la France. Non pas pour nous plaindre ou nous lamenter sur notre sort, mais pour avancer et nous reconstruire. Nous connaître pour nous relever et ne plus être faibles face à la prochaine crise. Sans nous résigner. Sans nous haïr non plus.

La France mérite mieux que des mensonges, des approximations ou des artifices. D'où qu'ils viennent. Elle mérite la vérité sur le décrochage qui nous guette. Et les solutions pour en sortir.

Partie I

Décrochage

1

23e rang mondial en richesse par habitant, la France a décroché

On l'a tous appris à l'école, la France est la 5e ou 6e puissance mondiale. En richesse totale, ce que l'on appelle le produit intérieur brut (PIB). Oui, mais par habitant ? C'est une tout autre histoire.

39 030 euros par habitant de richesse nationale en France… derrière l'Allemagne qui est à 46 208 euros[1]. La France n'est plus dans le groupe des sept pays riches de l'Europe du Nord qui sont en moyenne à plus de 63 000 euros de richesse par habitant. Pas étonnant, dès lors, que nos concitoyens se sentent déclassés et souffrent d'un manque de pouvoir d'achat. Selon la Commission européenne, le pouvoir d'achat d'un Suisse en 2021 (40 000 euros) est deux fois supérieur au pouvoir d'achat d'un Français avec plus de 20 000 euros en moyenne.

Quand on fait le point précisément, 7 pays sont devant nous en zone euro et 9 dans l'Union européenne en 2020 (selon Eurostat en SPA[2]). Si l'on ne prend que les 11 pays historiques de la zone euro de 1999

1. Commission européenne.
2. Standard de pouvoir d'achat, soit une unité monétaire virtuelle qui neutralise les différences de niveau de prix entre les pays.

(Allemagne, Autriche, Belgique, Espagne, Finlande, France, Irlande, Italie, Luxembourg, Pays-Bas, Portugal), seuls l'Italie, l'Espagne et le Portugal sont derrière nous.

Au niveau mondial, la France décroche aussi par rapport aux grands pays. Même si notre pays reste la 6ᵉ puissance mondiale en richesse totale, ce n'est pas le cas du tout en termes de richesse par habitant. Dans les années 1980, la France était 11ᵉ. Elle est maintenant 23ᵉ[1] !

La Suède, qui produit chaque année plus de 52 200 euros de richesse nationale par habitant, témoigne qu'il est possible de conjuguer État-providence et richesse nationale. Si le PIB par habitant en Suède et en France était comparable en 1980, il est désormais 28 % supérieur en Suède. Et, quand on se compare à nos cousins suisses, cela fait mal : ils sont à 87 000 euros par habitant quand nous sommes à un peu plus de 39 000 euros… plus de deux fois plus, cela devrait nous faire réfléchir et nous inciter à changer en profondeur la méthode de gestion de la France.

Pas étonnant, dès lors, que le nombre de travailleurs frontaliers de la France vers la Suisse ait plus que doublé en 25 ans avec maintenant 190 000 Français qui font l'aller-retour pour travailler en Confédération helvétique tous les jours !

Bercy explique que « la moindre hausse du PIB par habitant en France depuis 1993 s'explique aussi par l'évolution défavorable de la productivité horaire et des heures travaillées ». La productivité du travail par tête a augmenté plus vite en France que dans la moyenne des pays de l'OCDE jusqu'au début des

1. Selon la Banque mondiale, en 2020.

années 1990, puis la tendance s'est inversée. Un retournement qui coïncide étrangement (ou pas) avec la mise en place des 35 heures et des allégements de charges concentrés sur les bas salaires. Des mesures motivées à l'époque par l'envie d'« enrichir la croissance en emplois », c'est-à-dire de ralentir la hausse de la productivité.

La France accuse maintenant un retard sur l'Allemagne concernant le taux d'emploi, ce qui impacte lourdement son PIB par habitant. Ce retard se retrouve dans chaque classe d'âge : par exemple, le taux d'emploi des 15-24 ans est de plus de 48,5 % en Allemagne alors qu'il n'atteint que 31,2 % en France. Pour les 25-54 ans, le taux d'emploi outre-Rhin s'élève à 84,7 % alors qu'en France il est de 82 %[1]. En matière de productivité, notre voisin nous surpasse également. Une des principales raisons de cet écart peut s'expliquer par la capacité allemande à développer « des secteurs à forte valeur ajoutée et à forte productivité ».

La faiblesse de notre richesse nationale est de plus en plus évidente. Surtout que notre richesse repose beaucoup plus qu'ailleurs en Europe sur la dépense publique. En effet, la Suisse a une richesse nationale constituée à 60 % par l'activité privée non financière, en Allemagne, c'est 58 % quand c'est seulement un petit 51 % en France[2]. Dit autrement, notre richesse nationale est gonflée à l'hélium de la dépense publique et de la dette. C'est ce qu'on retrouve en 2021 où un tiers des six points de croissance de la richesse nationale vient de la hausse de la dépense de fonctionnement de nos administrations publiques.

1. OCDE.
2. Comptes nationaux, Eurostat.

Si la France avait le PIB par habitant de l'Allemagne, nous aurions environ 480 milliards de richesse nationale en plus par an.

Incontestablement, ce recul de la France dans le concert des nations en matière de richesse par habitant est la conséquence avant tout d'un manque de travail.

2

Sept milliards d'heures travaillées en moins

Pour créer de la valeur ajoutée, et donc de la richesse nationale, il faut travailler. Ce que nous faisons peu en France. Quoi qu'en pensent nos syndicalistes à temps plein.

Malgré des populations semblables, en nombre et en âge, les Britanniques travaillent 12 milliards d'heures de plus que nous par an. Pour la France, le décrochage a commencé au début des années 1980, moment où le volume de travail augmente de façon conséquente au Royaume-Uni et où l'Italie nous dépasse durablement.

En 2018, si l'on considère la Belgique, l'Allemagne, l'Espagne, l'Italie, les Pays-Bas, l'Autriche, la Suède et le Royaume-Uni, c'est plus de sept milliards d'heures qui sont travaillées en moins en France tous les ans[1]. Les Allemands ont travaillé 62 milliards d'heures en 2018, les Anglais 54 milliards et les Français 42 milliards...

Il faut dire qu'avec dix semaines en moyenne non travaillées par an et par travailleur, un chiffre calculé par Eurostat, la durée effective annuelle du travail rappelle que la France est bien le pays européen (avec la Suède) où l'on travaille le moins, et ce à cause d'une

1. Données des Comptes nationaux, Eurostat.

législation sur le travail peu flexible, de la durée légale de travail la plus basse d'Europe (35 heures), d'une part trop importante du secteur non marchand et d'un penchant très prononcé pour les congés et l'absentéisme.

Les chiffres sont parlants : les salariés français à temps complet travaillent 1 680 heures en 2019 quand les salariés allemands à temps complet travaillent 1 834 heures et les salariés britanniques 1 921 heures... la moyenne de l'Union européenne est de 1 846 heures[1]. Soit un écart de 166 heures par an et par salarié entre la France et la moyenne européenne.

Pourquoi le volume de travail est-il si faible chez nous ? Ce n'est pas culturel, car lorsqu'on se penche sur la durée effective de travail des non-salariés (autrement dit les indépendants, artisans, commerçants, professions libérales), la France remonte dans la moyenne européenne puisque ces derniers travaillent 2 290 heures par an, soit plus que la moyenne européenne qui est de 2 214 et quasi comme les Allemands qui sont à 2 289 heures pour les non-salariés à temps complet.

La faible durée de travail des Français s'explique donc, en partie, par l'importance du secteur public qui travaille en moyenne 1 605 heures par an alors que les employés à temps plein du secteur marchand travaillent, eux, 1 748 heures par an. Si l'écart avec l'Allemagne est de 155 heures en moins travaillées par an en moyenne par un salarié à temps complet, l'écart dans les administrations est beaucoup plus grand : les agents allemands travaillent à temps plein 1 802 heures par an quand les agents français travaillent 1 605 heures en moyenne, soit 197 heures d'écart !

---

1. Enquête Forces de travail, Eurostat, calculs Rexecode.

Vous n'êtes pas convaincu ? On peut aussi faire le calcul en divisant le nombre d'heures travaillées par an par le nombre d'habitants : en France, on travaille 630 heures par an par habitant.

Selon l'OCDE, qui publie ce classement, la France est le pays où cette quantité de travail par habitant est la plus faible. L'Espagne est à 697 heures par habitant, l'Allemagne à 722 heures, le Royaume-Uni à 808, les États-Unis à 826, la Suisse à 943, la Corée à plus de 1 000.

Cela explique bon nombre de nos difficultés pour créer de la valeur ajoutée. 630 heures par an, c'est à peu près quatre mois de travail à temps plein par habitant. Pour être bien clair, cela correspond à un tiers de l'année alors que, pour chaque habitant, en Suisse, le temps de travail correspond plutôt à six mois en moyenne.

C'est un énorme gâchis. Un gâchis qui vient des 35 heures notamment, qu'il faudra bien faire sauter un jour du Code du travail. Sept milliards d'heures qui manquent, cela correspond à environ quatre millions d'emplois à temps plein. Rien que dans l'industrie, nous en avons détruit plus de deux millions depuis 1980...

3

Deux millions d'emplois en moins dans l'industrie

Travailler à l'usine, travailler manuellement ? Pendant des années, cela n'avait clairement plus la cote, il valait mieux faire socio ou psycho. On voit où cela nous a menés. On a dégoûté les Français de l'industrie, on continue d'ailleurs de le faire en la trouvant trop polluante, etc.

Le secteur industriel français comptait 5,5 millions d'emplois salariés en 1980, il n'en comptait plus que 3,2 en 2017 et 3,1 millions en 2021... soit une diminution de plus de deux millions. Ce phénomène de désindustrialisation concerne la quasi-totalité des secteurs. Depuis la crise, l'emploi a rebondi dans tous les secteurs, sauf dans l'industrie où il stagne et demeure inférieur à son niveau d'avant crise[1].

Par rapport à 1989, l'industrie française voit ses effectifs diminuer de plus de 30 % en 2017. De plus, la dégradation s'est accentuée à partir du début des années 2000. En effet, on constate une diminution de 18 % en 2017 par rapport à 2003.

La situation de l'industrie française est préoccupante, car ses effectifs de personnels sont en forte diminution alors même que la « robotisation » qui permettrait de

1. Insee, septembre 2021.

soutenir la productivité reste faible (42 000 robots dans l'industrie en 2019 contre 74 400 en Italie et 221 500 en Allemagne[1]).

Et qu'en est-il de nos voisins européens ? Le constat est implacable. Même l'Italie crée chaque année plus de valeur ajoutée dans l'industrie que la France : plus de 300 milliards (16 % du PIB) quand nous en sommes à 280 milliards[2]. Les Allemands en créent 752 milliards ! Par rapport à l'Allemagne il nous manque donc tous les ans 472 milliards de valeur ajoutée industrielle.

Dans la métallurgie, les Italiens nous ont largement dépassés et ils nous talonnent dans l'automobile alors même que leur richesse nationale est plus faible que la nôtre. Il est d'ailleurs intéressant de noter que ce sont les secteurs dans lesquels le coût du travail est plus faible que chez nous, que l'Italie nous distance.

Il faut souligner que l'Espagne est aussi en train de rattraper la France avec 171 milliards de valeur ajoutée créée dans l'industrie (13 % du PIB en 2019). Nous avons aujourd'hui 3,1 millions de salariés dans l'industrie en France contre 7,2 millions en Allemagne. On peut tourner les chiffres dans tous les sens, il nous manque par rapport à l'Allemagne 4 millions d'emplois dans l'industrie et il faudrait multiplier par 5 notre nombre de robots.

En bref, nous avons détruit plus de deux millions d'emplois dans l'industrie depuis les années 1980, et en moyenne 58 000 emplois par an depuis le début des années 2000. Il est peut-être temps de se demander

1. *World Robotics Report* 2020.

2. D'ailleurs l'Italie se robotise plus vite que la France : + 6 700 robots industriels installés en France en 2019, contre 11 100 en Italie (+ 79 %), l'Allemagne se renforçant de + 20 500 quand la Corée est à + 27 500.

pourquoi notre pays est devenu le repoussoir de la création de valeur ajoutée dans les produits industriels.

On pourrait considérer comme naturel de voir décroître le poids d'un secteur (en nombre de salariés) dont la croissance de la productivité est plus forte que dans les autres secteurs, associée à un phénomène mondial de croissance du secteur des services. Mais il est préoccupant de constater que l'accélération récente de cette désindustrialisation n'est pas partagée avec les autres pays d'Europe, qu'elle est le fait de notre perte de compétitivité liée au coût du travail et à la cascade fiscale qui pèse sur nos entreprises.

Cela se constate aussi dans le bilan carbone de la France. La France émet moins de CO_2 dans l'industrie avec 6,6 tonnes par personne et par an contre 14 en Allemagne. C'est bien parce que nous nous désindustrialisons que nous polluons moins, mais c'est un constat totalement hypocrite, car nous consommons dans le même temps des produits venus de pays pollueurs. Il nous faudra donc revenir sur les engagements carbone et nucléaire de la France : l'objectif de - 40 % des émissions de gaz à effet de serre d'ici à 2030 par rapport à 1990 et celui d'arriver à seulement 50 % d'électricité nucléaire en 2035 ne sont pas compatibles avec l'objectif de réindustrialiser notre pays. D'autant plus que la filière de l'industrie nucléaire pèse pour 220 000 emplois. Le plan France 2030 qui remet l'accent sur le nucléaire est donc dans la cible, mais tout ne pourra être financé par l'État. Les secteurs d'avenir de notre industrie doivent être financés par des investisseurs privés, ce qui passe par des fonds de pension à la française. Les plans qui visent à sortir du nucléaire et ne produire que du renouvelable sont infinançables avec environ 460 milliards d'euros d'investissements nécessaires (hors coûts de transport et de distribution).

Si nous relevions le défi de produire en France, nous polluerions toujours moins que les Allemands et nous n'aurions pas ce déficit abyssal de notre balance commerciale à plus de 80 milliards annuels.

4

82 milliards de déficit commercial

Quand on regarde les chiffres des balances commerciales de quelques pays d'Europe pour 2020 sur le site de l'Insee, c'est un énorme choc : Allemagne ? + 183 milliards d'euros. France ? – 82 milliards. Cela fait froid dans le dos et cela veut, de toute évidence, dire que les produits français intéressent moins et même, de moins en moins : de + 2,2 milliards en 2001, notre solde commercial est passé à - 82,6 milliards[1] en 2020[2]. Une plongée en enfer pour notre industrie malmenée de tous les côtés.

Si l'industrie représente 74 % des exportations françaises en 2018, le déséquilibre de la balance commerciale française en produits manufacturés reste très important, et pas seulement par rapport à la Chine. Le plus inquiétant est le déficit avec des pays pourtant comparables de l'Union européenne.

Contrairement aux idées reçues, nous importons beaucoup plus d'Allemagne, avec 85 milliards par an,

---

1. Insee, *Solde de la balance commerciale dans quelques pays de l'Union européenne*, 5 juillet 2021.

2. Voir le rapport du Haut-Commissariat au plan de décembre 2021 qui compte 846 produits français déficitaires (ratatouille à – 650 millions d'euros en 2020).

que de Chine, avec 51 milliards. Et, entre 1990 et 2019, la part des exportations de biens français dans les exportations de la zone euro est en chute libre, passant de 17,4 % à 11,8 %. Par exemple, le déficit commercial de la France avec l'Allemagne est abyssal avec presque 16 milliards d'euros en négatif. Avec la zone euro, le déficit est de 35 milliards, avec la Chine il est de 30 milliards d'euros.

D'après l'Insee, de 1970 à 2016, la part de la valeur ajoutée de l'industrie manufacturière a baissé dans la richesse nationale de 22,3 à 10,2 %. En comparaison, la part de l'industrie manufacturière dans le PIB en Allemagne monte à 20,6 %, soit deux fois plus qu'en France. L'Italie et l'Espagne ont aussi une industrie manufacturière plus importante qu'en France avec respectivement 14,6 % et 12,8 % de la valeur ajoutée.

Tout le monde est maintenant d'accord sur le fait qu'il faut réindustrialiser la France. Mais le risque est grand que cela soit trop peu et trop tard. Les pertes de tissu industriel subies au cours des trente dernières années sont énormes. En 2019, le solde des ouvertures d'usines était négatif (58 ouvertures pour 76 fermetures). La dernière usine de tabac implantée en Dordogne a, par exemple, dû fermer ses portes.

Même s'il semblerait que l'on ouvre désormais un peu plus d'usines qu'on n'en ferme[1], moins de 30 % des projets se concrétisent dans les 24 mois, ce qui est anormalement long. En outre, un nombre conséquent de procédures est exigé, en fonction du terrain, de la faune et de la flore, ce qui constitue un frein au développement territorial.

Créer une usine en France ? C'est le parcours du combattant. Et à ça s'ajoute l'instabilité de la loi :

1. *L'Usine Nouvelle* en dénombre 53 en 2021.

entre 1994 et 2013, un article sur cinq relevant de l'industrie a été modifié, ce qui a mené à une multiplication des contentieux à cause des diverses interprétations des normes. En matière d'urbanisme, le nombre de contentieux est passé de 603 en 2015 à 845 en 2018.

Cela dit, quand on entend partout que notre problème de compétitivité dans l'industrie est réglé, car le coût d'une heure de travail dans ce secteur serait maintenant moins élevé en France qu'en Allemagne, il semble qu'un élément de poids ne soit pas pris en compte pour faire cette comparaison : le coût total pour l'employeur. Au-dessus du coût de l'heure brut, il y a le coût *avec* les charges patronales. Et là, ce n'est pas exactement la même histoire. Pour un salaire moyen français net autour de 2 100 euros par mois, l'entreprise française paiera 42 700 euros par an. Avec la même dépense annuelle pour l'employeur allemand, le salarié allemand touchera 2 275 euros nets par mois ; soit 175 euros de plus.

Et, plus on monte dans les niveaux de revenus, plus l'écart est important. Un salarié qui coûte au total à l'entreprise 84 700 euros touchera 46 458 euros par an en France, soit 3 870 euros par mois quand son collègue allemand, pour le même coût pour l'entreprise, touchera 4 610 euros. Un écart de 738 euros par mois et de 8 800 euros par an…

Donc, quand on dit partout que, dans l'industrie, la France est à 38 euros de l'heure, la zone euro à 34 et l'Allemagne à 41 euros, on se trompe totalement. En réalité, il faudrait comparer secteur par secteur entre la France et l'Allemagne, car la comparaison globale est biaisée par le fait que les sous-secteurs industriels n'ont pas du tout le même poids des deux côtés du Rhin.

Les coûts salariaux sont en effet plus chers de 30 % en France, par exemple, pour l'installation et la réparation de machines d'équipement, de 15 % pour l'industrie du papier et du carton, de 15 % pour la fabrication de caoutchouc et de plastique... Et, si nous avions la même répartition sectorielle que l'Allemagne, le coût des salaires dans l'industrie serait inférieur de presque 11 % en France.

Bref, il est assez navrant de voir le gouverneur de la Banque de France déclarer que, malgré la restauration de la compétitivité-coût qu'il considère déjà effective, la simple stabilisation des performances à l'exportation avant 2020 reste une « énigme ». Pendant ce temps-là, la croissance potentielle de la France reste scotchée à 1,35 % en 2022[1].

L'autre énigme étant celle de la soi-disant super attractivité de la France pour les investisseurs étrangers...

1. Comparer le RESF 2022 annexé au PLF 2022 (p. 76) avec la note technique du Trésor du 28 septembre 2017 qui affichait une croissance potentielle de 1,25 % sur la période 2017-2020. À noter que le calcul de la croissance potentielle par une fonction de production ne permet pas de décomposition par la valeur ajoutée en « activités marchandes et non marchandes ».

5

8e rang pour les investissements étrangers

Cocorico, la France serait première pour les investissements étrangers, nous a dit le rapport Ernst & Young pour Business France en 2020[1]. Réjouissons-nous, mais cette information est-elle la bonne ? D'après le baromètre annuel de l'attractivité de la France, ce sont 985 projets financés par des acteurs étrangers qui ont vu le jour sur le territoire français. C'est plus que le Royaume-Uni et l'Allemagne qui arrivent respectivement 2e et 3e dans ce classement.

Sur le papier, cela semble parfait. Mais cela demande quelques investigations supplémentaires. Dans le trio de tête, c'est la France qui enregistre la plus forte baisse du nombre de projets d'investissements étrangers entre 2019 et 2020 : - 18 %, contre - 12 % pour le Royaume-Uni et même seulement - 4 % pour l'Allemagne. Ensuite, si l'on compte, non plus en nombre de projets mais en nombre d'emplois créés, la France se place non pas en 1re mais en 4e position, avec 33 490 emplois créés, derrière l'Allemagne (44 640 emplois), l'Espagne (47 790 emplois) et le Royaume-Uni (59 457 emplois).

1. Baromètre de l'attractivité de la France 2021.

Qu'en conclure ? Que si la France attire bien les projets, elle attire moins les emplois. Or cela semble quand même le plus important *in fine*.

Enfin, si l'on regarde les chiffres de la Conférence des Nations unies sur le commerce et le développement (CNUCED), en milliards de dollars, le montant d'investissements étrangers (IDE) a chuté partout en 2020 jusqu'à atteindre son niveau le plus bas des vingt-cinq dernières années. Parmi les 27, 17 ont vu leurs IDE diminuer, dont la France (- 47 %) et l'Allemagne (- 34 %), tandis que 10, dont la Suède (+ 160 %) et l'Espagne (+ 52 %) ont vu leurs investissements étrangers augmenter au cours de l'année écoulée. Au total, ils auraient atteint 18 milliards de dollars en France contre 20 milliards au Royaume-Uni et 36 milliards en Allemagne. La France se place en 8e position pour les investissements étrangers en 2019.

Finalement, faire la balance en matière d'investissements directs étrangers est simple : ce sont deux lignes de la « balance des paiements », un état comptable publié chaque mois par la Banque de France. Les deux lignes sont les « investissements étrangers en France » et « investissements français à l'étranger ». Le solde est intéressant à suivre pour véritablement caractériser l'attractivité de la France. En effet, si des firmes étrangères ouvrent des sites en France mais que les firmes françaises en ouvrent davantage à l'étranger, la France continue de se désindustrialiser.

Sur les vingt dernières années, les investissements directs en provenance de l'étranger en France se sont établis en moyenne à 21 milliards d'euros par an. Près de 440 milliards d'euros d'investissements étrangers sont venus se localiser en France sur ces vingt ans. Sur ces mêmes vingt dernières années, les investissements français à l'étranger se sont élevés à 1 075 milliards d'euros et donc à une cinquantaine de milliards d'euros par an, soit un solde net négatif de 30 milliards d'euros par an.

Sur vingt ans, le solde net est donc largement négatif avec - 640 milliards d'euros. Une glissade qui a débuté dans les années 2000 mais qui a connu un léger regain à partir de 2012 grâce au CICE, au pacte de responsabilité et de solidarité et à la baisse de l'impôt sur les sociétés… S'il faut se féliciter que la France attire encore des projets d'investissements étrangers, ne nous berçons pas d'illusions, la France n'est pas (encore) le pays le plus attractif en Europe, ni en flux, ni en stock. Cela pose d'ailleurs une question de fond : pouvons-nous être vraiment attractifs sans être compétitifs ? Pour arriver à cet objectif que nous souhaitons tous, chiche, allégeons encore la fiscalité des entreprises et du capital et simplifions les réglementations !

Cela permettrait peut-être que plus de 10 % des entreprises créées annuellement en France se créent avec plus d'un seul salarié ?

6

90 % des nouvelles entreprises créées avec... un seul salarié

Un million d'entreprises créées en douze mois, du « jamais vu » en France. L'Insee dénombre très exactement 996 217 créations d'entreprises en 2021 contre 848 164 en 2020. Là encore, on se congratule. Mais si on dissèque les chiffres, on constate que ce sont beaucoup d'entreprises de livraison qui se sont développées avec les confinements et la fermeture des salles de restaurant. Le secteur de la livraison représente une immatriculation d'entreprise sur six, sur les premiers mois de l'année 2021.

Création aussi de nombreuses entreprises dans les métiers traditionnels du travail indépendant avec l'explosion du télétravail. On mute du salariat vers le travail freelance...

Depuis 2010, le nombre de PME de plus de 10 salariés et de moins de 250 salariés a progressé de 12 000 unités à 148 000 en 2018, dernier chiffre connu. De même, le nombre d'ETI, ces entreprises de plus de 250 personnes et de 50 millions d'euros de chiffre d'affaires, a augmenté de 1 000 unités à près de 5 800. Ce n'est pas encore le Mittelstand allemand, mais on progresse, veut-on se rassurer.

Mais on oublie un indicateur majeur : avec combien d'emplois sont créées ces nouvelles entreprises ?

La réponse est dans l'enquête SINE, également effectuée par l'Insee, qui s'intéresse à un autre indicateur : celui des emplois créés par génération de créations. Les cohortes de nouvelles entreprises produisent peu, voire pas d'emplois. L'Insee constate ainsi que l'emploi créé par celles qui sont nées en 2010 et 2014 est respectivement de 2 % et 0 % par rapport au niveau d'emploi initial[1]. Ce phénomène est accentué par les disparitions d'entreprises, le taux de pérennité sur trois ans étant de 72 % puis 60 % sur cinq ans, un phénomène logique compte tenu du risque associé à la création d'entreprise. Mais qui se renforce lorsque l'on constate que les nouvelles entreprises démarrent en moyenne avec un financement de moins de 8 000 euros dans leur projet.

Si l'on s'intéresse plus particulièrement aux entreprises et sociétés, en excluant les micro-entrepreneurs, qui ont le plus souvent pour vocation de créer leur propre emploi, Eurostat indique que nous avons créé, entre 2014 et 2017, environ 350 000 entreprises par an, le Royaume-Uni un peu moins et l'Allemagne environ 200 000. Sur la totalité de ces entreprises créées, on constate que 89 % en France ne comprennent qu'un seul salarié, contre 73 % en Allemagne... et 8 % chez nos voisins outre-Manche.

Tous les rapports viennent s'accorder sur un point fondamental : ce sont les entreprises nouvelles qui créent les emplois et les anciennes qui en détruisent

1. *Insee Première,* « Les entreprises créées en 2010 », n° 1639, mars 2017 ; *Insee Première,* « Entreprises créées en 2014 : trois sur quatre sont encore actives trois ans après leur création », n° 1751, avril 2019.

le plus. Un rapport de l'OCDE en 2018[1] montre ainsi que les entreprises de moins de cinq ans et de moins de 250 salariés (en 2010-2011) créent deux fois plus d'emplois qu'elles n'en détruisent, contrairement à des entreprises de plus grande taille ou plus anciennes.

Dans le cas particulier des « entreprises à fort potentiel de croissance » (*high growth firms*)[2] en phase de « croissance » (*scale-up*), l'effet est d'autant plus exceptionnel. Elles contribuent à 53 % à la création d'emplois en France, contre 23 % au Royaume-Uni. On comprend alors que l'économie française a besoin qu'un plus grand nombre que ces start-up prennent le chemin des « licornes » (celles qui sont valorisées à plus de 1 milliard de dollars). Des licornes, ou du moins des entreprises fortes et dynamiques à même de stimuler la création d'emplois.

Mais ces projets de rupture nécessitent de grands volumes d'investissement privé, français ou étranger. Aux États-Unis, les start-up bénéficient en moyenne de 8,3 fois plus de financement à l'amorçage grâce à l'abondance des fonds privés[3] (dont l'existence de fonds de pensions). Cela se traduit au bout de dix ans par un nombre moyen de salariés par start-up doublé comparativement aux start-up européennes.

Alors qu'on ne parle plus que de la French Tech et de nos licornes qui lèvent des millions, avec Sorare,

---

1. « *Enabling SMEs to scale up* », *Discussion Paper 2018 SME Ministerial Conference,* OCDE, 02-2018.

2. Une entreprise à fort potentiel de croissance est définie par une croissance annuelle de son chiffre d'affaires de 20 % par an durant trois années de suite. Elle est en phase de *scale-up* lorsqu'elle réalise un changement d'échelle à la suite d'un ou plusieurs tours d'investissement stratégique et décisif.

3. Fondation iFRAP, « Flécher l'épargne des Français vers les PME : les solutions qui marchent ».

BlaBlaCar, Deezer, Doctolib, ManoMano, OVH Cloud, Vestiaire Collective, Swile... ou la société de biotechnologie française Afyren qui a fait son entrée en bourse à Paris. Ça, c'est le point d'arrivée après des années de travail. Mais le démarrage se fait souvent avec quelques milliers d'euros qu'il faut trouver, et c'est plus difficile en France qu'ailleurs avec moins de quatre milliards d'euros sur le financement de l'amorçage de nos jeunes entreprises, un montant qu'il faudrait doubler grâce à un fléchage beaucoup plus direct de l'épargne des Français vers le démarrage de nos jeunes pousses.

Quand nous aurons résolu ce problème du financement des premiers pas de l'entrepreneuriat, nous n'aurons plus le souci de voir 90 % de nos nouvelles entreprises créées avec seulement un salarié.

Autre complexité pour se lancer dans l'aventure de l'entrepreneuriat : la lourdeur des démarches administratives et les divers recours qui ralentissent ou bloquent les initiatives.

Clairement, notre fiscalité et nos normes restent des repoussoirs.

Partie II

Repoussoir

7

Deux millions et demi de Français partis… à l'étranger

Deux millions et demi de Français vivent hors de France. Ils l'aiment mais ils l'ont quittée. Ils sont presque 200 000 en Suisse, 130 000 en Belgique, 140 000 au Royaume-Uni inscrits au consulat[1]… Ils sont partis de France pas toujours pour des raisons fiscales. Souvent aussi pour des raisons de liberté, de pouvoir d'achat, de rêves d'entreprise.

Depuis la création de l'impôt sur les grandes fortunes (IGF) en 1982, plus de 150 milliards[2] d'euros ont quitté la France avec leurs propriétaires. On estime qu'à cause de cela, environ 400 000 emplois directs n'ont pas été créés en France. Un manque important pour l'économie française représentant près de 2 % de l'emploi total.

Avec une autre méthode, l'institut Coe-Rexecode estime « le total cumulé des patrimoines effectifs appartenant à des personnes soumises à l'ISF, expatriées pour raisons fiscales, actualisé en euros actuels […] à un peu plus de 200 milliards d'euros ».

1. L'inscription n'est pas obligatoire, on estime le nombre de Français résidant au Royaume-Uni à 300 000.

2. Estimation Fondation iFRAP avec le rapport DGFiP 2017 relatif aux contribuables quittant le territoire national.

Tous les ans à partir de 2002, la France a ainsi compté entre 160 et 900 départs d'assujettis à l'ISF. Seulement 163 départs en 2018, année marquée par l'instauration de la *flat tax* à 30 % et de la transformation de l'ISF en IFI (impôt sur la fortune immobilière).

La Suisse est désormais la première destination de ces foyers possédant un patrimoine élevé (19 %), devant le Portugal (12 %), qui a mené une politique fiscale offensive pour attirer les retraités européens. Si l'incitation par l'impôt est forte dans ce dernier cas, elle l'est moins pour les expatriations outre-Manche, davantage motivées par des opportunités professionnelles.

Las, ce sont les assujettis à l'impôt sur le revenu qui continuent de partir. Le rapport « relatif aux contribuables quittant le territoire » remis au Parlement montre qu'en 2018 le nombre de départs de redevables de l'impôt sur le revenu est de 49 000, ce qui reste nettement supérieur aux 26 000 départs recensés presque dix ans plus tôt.

Il ressort surtout de ce document que les hauts revenus partent moins (ou sont déjà partis) et que les moyens riches continuent de partir... avant d'être riches. Les foyers du dernier décile (chaque décile représente 10 % de la population) qui s'expatrient sont 9 000 en 2018. Pour les ménages disposant de revenus supérieurs à 100 000 euros, le nombre est de 3 316 après un pic à 4 326 en 2015.

Moins de contribuables qui partent ? Qu'à cela ne tienne, le système français essaie toujours de taxer au maximum ses expatriés.

En 2019, l'État français a reconnu contraint et forcé que les personnes, fiscalement domiciliées en France ou non, relevant d'un régime de Sécurité sociale au sein de l'Union européenne ou de Suisse, seront exonérées de

CSG et CRDS sur leurs revenus du patrimoine et sur les produits de placement (ils restent cependant assujettis au prélèvement de solidarité de 7,5 %). Mais les grands oubliés sont les résidents des États tiers à l'Union.

Les Français résidant en dehors de l'Union européenne, possédant de l'immobilier en France, sont taxables à 17,2 % pour les prélèvements sociaux... en plus de l'imposition sur le revenu. Mais, malgré cette dîme considérable, ils n'ont pas droit à la Sécu[1] !

Les fonctionnaires internationaux, eux, enragent. Comment légitimer le fait qu'un agent français de la Commission européenne ne soit pas soumis à la CSG/CRDS et qu'un collègue français travaillant pour l'OTAN y soit, lui, soumis ? C'est une entorse évidente au principe d'égalité de traitement devant l'impôt.

Quant à l'impôt sur la fortune immobilière, si leurs biens immobiliers dépassent 1,3 million d'euros en valeur, les Français expatriés doivent aussi le payer... Alors que les ressortissants du Qatar, par exemple, en sont exonérés si leur fortune constituée par des biens immobiliers situés en France est inférieure à la fortune mobilière qu'ils détiennent en France.

Les Français expatriés puis revenus en France que l'on appelle les « impatriés » ne vivent pas non plus la même pression fiscale que le commun des Français : pas d'IFI sur leurs biens immobiliers étrangers, pas d'imposition sur le revenu pour leurs cotisations à des fonds de pensions à l'étranger, 50 % d'abattement sur leurs revenus du capital de placements à l'étranger,

1. Ils doivent opter volontairement pour une contribution additionnelle à la caisse des Français de l'étranger. La CSG et la CRDS étant considérées en France comme des impôts, ils sont par définition « sans contrepartie ».

pas d'imposition de leur prime d'impatriation… Pas étonnant que les chiffres des retours soient en hausse…

Tout cela pendant huit ans. Au bout de huit ans ? Ils repartiront de France. Et ceux qui restent continueront de supporter le supplice fiscal de 483 taxes, impôts et cotisations.

8

483 taxes, impôts et cotisations, 1 126 milliards de prélèvements obligatoires

La France est championne du monde du nombre d'impôts, taxes, contributions et cotisations. En 2019, on en comptait 483 ! Soit 214 impôts, 159 taxes et 110 cotisations. Sur ces dernières, 37 cotisations et contributions employeurs, 38 cotisations et contributions salariales, 8 cotisations pour indépendants et inactifs, et 17 autres cotisations, majorations et pénalités (à la charge des ménages, des entreprises ou des deux). Une véritable litanie.

Rien qu'en 2019, cinq nouvelles taxes ont été créées : taxe additionnelle à la taxe de séjour en Île-de-France pour financer le Grand Paris, taxe sur les hydrocarbures, redevance pour les concessions hydroélectriques, contribution sur les sources d'eaux minérales et taxe de balayage…

Selon les données OCDE, la France a 196 impôts et catégories d'impôts, soit plus du double que l'Allemagne (84) et le Royaume-Uni (86). Le système français applique systématiquement plus de prélèvements dans chaque catégorie. Impôts sur les salaires et la main-d'œuvre ? France 13, Allemagne 0. Impôts sur le patrimoine ? France 33, Allemagne 17. Impôts sur les biens et services ? France 109, Allemagne 46. Et ainsi de suite.

Le Code général des impôts, de son petit nom le « CGI », compte 3 600 pages... On en parle moins que du Code du travail mais il est quasiment aussi gros et... indigeste, avec 967 927 mots (presque un million !) pour réglementer notre fiscalité.

L'inflation du Code des impôts est moins visible que celle du Code du travail, car le nombre d'articles est resté à peu près stable avec environ 2 400 articles quand le Code du travail est passé, lui, de 4 900 articles à 11 000 articles. Mais cette « stabilité » est un leurre. Les articles n'ont pas été augmentés en nombre mais se sont boursouflés de l'intérieur.

Modifier le Code des impôts ? C'est le sport national français !

Au départ, la rédaction du code partait bien avec une numérotation continue, des parties et des chapitres. Bref, un plan logique : impôts directs, impôts indirects, droits d'enregistrement, pénalités, procédures...

Puis sont apparus, comme pour les rues, des numéros *bis*, *ter*, *quater*... On a vu ensuite s'intercaler des lettres et des chiffres à nouveau. Par exemple entre 10 *bis* et 10 *bis* A, on crée 10 zéro A.

C'est là que l'on touche au summum de la complexité fiscale. L'article 220 B par exemple dispose que « le crédit d'impôt pour dépenses de recherche défini à l'article 244 *quater* B est imputé sur l'impôt sur les sociétés dû par l'entreprise dans les conditions prévues à l'article 199 *ter* B ». Puis l'article 220 C dispose que « le crédit d'impôt défini à l'article 244 *quater* C est imputé sur l'impôt sur les sociétés dû par l'entreprise dans les conditions prévues à l'article 199 *ter* C ». Bref, c'est totalement incompréhensible et illisible. Et on comprend que les entreprises embauchent des experts pour pouvoir bénéficier du crédit impôt recherche !

La France est le seul pays où l'on paye des taxes... sur les taxes. Cela semble ubuesque et pourtant, tout le monde s'en acquitte ! La plus connue ? La CSG non déductible qui se rajoute sur la ligne « net à payer » de nos fiches de paye et sur laquelle nous payons de l'impôt sur le revenu. Celle qui rapporte le plus à l'État et la plus sournoise ? La TVA à la française qui possède la particularité de s'appliquer sur « les impôts, taxes et droits de prélèvements de toute nature ». Combien rapportent ces taxes sur les taxes ? C'est la grande inconnue, aucun chiffre ne circule sur le sujet qui n'est que très peu abordé. Et ce n'est pas Bercy qui va nous le donner.

En mars 2018, 21 députés ont voulu faire passer un amendement pour mettre fin à la double fiscalité qu'imposait la TVA sur l'énergie, notamment l'électricité, le gaz et l'eau puisque la TVA est payée en partie sur des taxes, notamment la CTA... En jeu : 4,6 milliards d'euros, un chiffre non officiel et calculé suite à une enquête de l'organisation de consommateurs, UFC-Que Choisir.

Sur leur consommation de gaz, d'eau, d'électricité ou de carburant, les Français, en plus du total de la facture et des taxes et contributions (TICGN, TDCF, TCCF, CAT...), doivent également payer de la TVA sur les taxes.

Autre double peine fiscale en matière d'énergie pour les consommateurs de carburant : la TVA sur la taxe intérieure de consommation sur les produits énergétiques (TICPE) qui s'ajoute à la TVA sur le carburant lui-même. La TICPE est un impôt direct qui s'applique à tous les produits pétroliers. D'après UFC-Que Choisir, « sur chaque litre d'essence, ce sont ainsi 14 centimes d'euros qui sont payés en TVA sur la TICPE, soit plus que sur l'essence elle-même ! ».

Malgré cela, on continue de complexifier notre fiscalité encore et encore. Dernier exemple marquant : en 2019, à la suite de la crise des Gilets jaunes, on a remodifié l'article 81 *quater*, celui sur les heures supplémentaires que l'on avait déjà modifié sous François Hollande et sous Nicolas Sarkozy. Une maille à l'endroit, une maille à l'envers... On taxe, on crée une niche, on complexifie, on tourne en rond. Et ça nous plombe.

Rien que la fiscalité environnementale a augmenté de 7 milliards entre 2017 et 2022, passant de 60 à 67 milliards d'euros par an.

Malgré toutes les annonces de baisses d'impôts tonitruantes, et même si on peut noter un petit reflux de notre fiscalité depuis 2016 de l'ordre d'un point de PIB, surtout grâce à la baisse de la taxe d'habitation pour les ménages[1], et de 10 milliards de baisse de taxes de production pour les entreprises, la France reste fin 2021 taxée de l'ordre de 140 milliards de plus que ses homologues de la zone euro.

On baisse des impôts qui sont souvent compensés par des hausses de taxes et *vice versa*.

C'est ce que l'on a pu observer sur les impôts directs payés par les ménages.

---

1. 15,3 milliards d'euros en 2021.

9

25 milliards d'impôts en plus pour les ménages

Si le gouvernement aime communiquer sur les baisses d'impôts en affichant de nombreux milliards de baisse, l'administration française, elle, aime l'impôt. Alors, les impôts directs des ménages ont-ils baissé depuis le début du quinquennat d'Emmanuel Macron ou ont-ils augmenté ? À brûle-pourpoint, bien malin celui qui est capable de répondre à cette question. C'est pour résoudre ce mystère que la Fondation iFRAP a décortiqué l'évolution de la fiscalité directe des ménages (impôt sur le revenu, CSG et CRDS, taxe d'habitation, taxe foncière, impôts sur les donations et successions, IFI) entre 2017 et 2019.

Premier constat : les impôts directs des ménages sont passés de 250 milliards en 2017 à 275 milliards en 2019, soit une augmentation de 25 milliards d'euros en deux ans[1]. Soit 12 milliards de plus par an quand les impôts directs ont augmenté en moyenne de 9 milliards par an entre 2010 et 2017. En part de PIB, ces impôts

1. Les *National Tax Lists* publiées par Eurostat n'étant pas disponibles à date de publication pour 2020 (contrairement aux « principaux impôts et taxes » publiés par l'Insee, mais insuffisamment détaillés).

directs sur les ménages sont passés de 10,9 % du PIB à 11,3 % en deux ans.

Deuxième constat : les impôts directs ont augmenté plus vite que le revenu disponible brut des ménages. Ils représentaient 18 % des revenus bruts des ménages en 2017 et 18,7 % en 2019. Soit 0,7 point de plus. Et cette hausse a impacté tous les niveaux de revenus. Si l'on découpe les niveaux de revenus en déciles, on constate que pour le premier décile, celui des plus pauvres, la hausse est de 0,5 point, mais quand on monte vers les niveaux de revenus les plus hauts, ceux du dernier décile, la hausse est de 1,1 point.

Troisième constat : les plus riches n'ont pas bénéficié de cadeaux fiscaux plus importants que ceux des autres déciles puisque, au prorata de leurs revenus, leurs impôts directs ont plus augmenté que ceux des déciles aux revenus inférieurs. Niant cette réalité, de nombreuses études sortent encore pour dire à quel point les 10 % ou le 1 % des plus riches auraient bénéficié de la transformation de l'ISF en IFI et du prélèvement forfaitaire unique (PFU). Omettant sciemment que seuls ceux, ultra-minoritaires, qui se paient en dividendes peuvent être gagnants.

Quatrième constat : certes l'IFI a fait baisser la note d'ISF du dernier décile, mais seulement de 1,4 milliard d'euros pour les 10 % les plus aisés, tandis que leur CSG/CRDS a augmenté de 8,6 milliards d'euros en deux ans… Au total, le dernier décile paie 10 milliards d'impôts en plus. Pourquoi cette gigantesque augmentation de la CSG/CRDS ? Tout simplement parce que les revenus assujettis à ces prélèvements sociaux ne sont pas plafonnés alors que les cotisations sociales supprimées en regard l'étaient (à quatre fois le plafond de la Sécu par exemple pour la cotisation chômage).

On constate quand on étudie le cas concret d'un couple de retraités touchant environ 100 000 euros imposables assujettis à l'IFI, leur taux d'imposition direct total aux impôts directs a augmenté de 1,55 % Quant aux salariés aisés étudiés, que ce soit à 300 000 ou à 600 000 euros de revenus, même soumis à l'IFI et avec des revenus du capital importants, les baisses de charges et d'impôts n'arrivent pas à effacer les hausses.

La réalité, c'est qu'entre baisses de cotisations sociales, chômage et maladie (- 24 milliards d'euros) et hausses des impôts directs des ménages (+ 25 milliards d'euros) on fait plutôt du sur-place jusqu'en 2019 en matière d'imposition des ménages, mais cela étonnera peu nos concitoyens. Encore un coup du bonneteau fiscalo-social français.

Par ailleurs, malgré la crise, les recettes de l'impôt sur le revenu des ménages augmentent beaucoup sur la période du dernier quinquennat : elles étaient de 73 milliards d'euros en 2017, elles seront selon les prévisions de Bercy de 82 milliards en 2022. Peu ou prou une augmentation identique à celle de notre richesse nationale. On cherche la baisse de cinq milliards d'euros affichée par le gouvernement.

Pendant que les ménages paient, les entreprises aussi ploient sous le poids de l'impôt.

10

150 milliards d'impôts en plus pour nos entreprises

Le supplément de prélèvements obligatoires de la France vis-à-vis des autres pays de la zone euro s'est légèrement réduit entre 2017 et 2019, passant de 158 à 155 milliards d'euros. Sur cet écart, plus de 150 milliards pèsent sur l'appareil de production (cotisations sociales à la charge des employeurs, taxes sur les revenus des sociétés et autres personnes morales, taxes de production hors taxe foncière à la charge des ménages). L'écart le plus élevé se trouve sur les taxes de production avec 80 milliards de plus payés tous les ans par nos entreprises par rapport à leurs homologues de la zone euro ; quant aux cotisations employeurs, elles pèsent 72 milliards de plus. Impossible pour nos entreprises d'être compétitives dans ce paysage-là.

Les efforts de baisse des prélèvements des entreprises, entre le crédit d'impôt compétitivité et emploi (CICE), le pacte de responsabilité et la baisse du taux d'impôt sur les sociétés, tournent autour de 40 milliards et devraient, en toute logique, se traduire par une baisse équivalente en part de PIB. Sauf qu'il n'en est rien : entre 2012 et 2019, les impôts, taxes et charges pesant sur les entreprises ont certes baissé mais sont passés seulement de

18,5 % du PIB à... 17,5 %, alors qu'au minimum l'effet aurait dû être de deux points et pas de un.

L'écart avec les pays de la zone euro s'est-il résorbé ? De seulement trois milliards.

Que s'est-il donc passé entre 2012 et 2019 pour que tous les efforts pour améliorer la compétitivité de nos entreprises se traduisent par des résultats aussi faibles ? Eh bien, une partie des baisses liées au CICE et au pacte de responsabilité a été avalée par des hausses d'impôts sur la main-d'œuvre, sur les outils de production et par des hausses de cotisations sociales.

La plongée dans ces chiffres permet de comprendre que nos entreprises ont été victimes, ces dernières années, d'un subtil jeu de bonneteau entre les différents impôts.

Pire, ce sont les entreprises industrielles françaises qui supportent des prélèvements obligatoires plus élevés comparé à leurs homologues allemandes. Le poids des prélèvements sur l'industrie française atteignait en effet 27,9 % de la valeur ajoutée en 2016 contre 17,2 % outre-Rhin, soit un écart de 10,7 points.

Résultat ? La France est le pays qui, avec la Grèce, possède dans la zone euro la fiscalité la plus importante des entreprises par rapport à sa valeur ajoutée.

Quand on parle avec un entrepreneur implanté en France et en Allemagne, on comprend bien pourquoi les salaires les plus élevés sont plutôt outre-Rhin. La réponse fuse : *les cotisations y sont plafonnées !*

Les cotisations sociales effectives à la charge des employeurs sont à 14 % de la valeur ajoutée en France contre 9,4 % en Allemagne. Outre-Rhin, c'est simple, les cotisations sont proportionnelles et plafonnées. Par exemple, on ne cotise pas pour le chômage au-delà de 5 500 euros par mois. Que vous gagniez 1 000 euros ou 4 000 euros, le taux réel de cotisations est autour de 20 %. Ce n'est pas du tout le cas en France où les cotisations patronales passent de 6 % à 43 % ! Alors, certes, les cotisations salariales sont plus faibles en France qu'en Allemagne, mais cela ne rattrape pas la différence, loin de là !

CVAE, CET, IFER, taxes transports, C3S... Ces sigles vous donnent le tournis ? C'est ce qu'on appelle les taxes sur la production de notre doux pays.

Le chemin de la compétitivité est encore long. Le gouvernement a compris qu'il faut baisser les taxes de production, mais seulement de 10 milliards d'euros[1] quand le surcoût est de 80 milliards. Une paille. La baisse annoncée du taux d'impôt sur les sociétés à 25 % est une bonne chose, mais on comprend déjà entre les lignes que le gouvernement et toute son administration fiscale en passant par le Conseil des prélèvements obligatoires, rêveraient d'appliquer en France pour toutes les entreprises un impôt sur les sociétés minimum à 15 % et de raboter en même temps les niches fiscales.

On ne prend pas les mouches avec du vinaigre et les investissements étrangers ne se pressent vraiment pas au portillon, contrairement aux cocoricos surjoués de nos représentants de commerce tricolores.

Si Bercy joue autant du bonneteau fiscal, c'est avant tout parce que la dette galope beaucoup plus vite que la richesse nationale et qu'il faut, tout en disant qu'on baisse l'impôt, continuer à remplir les caisses publiques coûte que coûte.

---

1. 10 milliards d'euros mais avec des « retours » d'IS de 1,4 milliard aboutissant à un coût net de 8,6 milliards, voir le Rapport du Sénat sur le PLF 2021, p. 30.

Partie III

Soumission

11

2 950 milliards de dette publique

La dette et ses bientôt 3 000 milliards ne serait pas du tout un problème, car elle ne coûterait pas cher… pour l'instant. Cela rassure tout le monde de se dire cela et, pendant ce temps, la montagne de dette grandit[1], grandit, et nous regardons ailleurs.

Pourtant, la vague de l'inflation arrive, et avec elle, la montée des taux et de la charge de la dette. À 4 % de taux d'intérêt à 10 ans, la charge de la dette atteindrait en 8 ans environ 80 milliards d'euros par an selon les simulations, cela deviendrait proprement infinançable.

2 950 milliards de dette. Un chiffre énorme. En 2022, la dette de la France représente 44 000 euros par Français. En 2012, c'était 20 000 euros.

Sous le quinquennat de Nicolas Sarkozy, la dette de la France avait grimpé de plus de 600 milliards, sous François Hollande de presque 400[2], mais sous Emmanuel Macron, la hausse, à la fin de cette année 2022, sera d'environ 700 milliards d'euros ! Aucun autre pays de la zone euro n'a fait ça ! L'Allemagne est bien loin

1. La dette a fait × 2 en 20 ans, passant de 59 % du PIB à 114 %.

2. Respectivement de + 634,6 milliards pour Nicolas Sarkozy et de + 396,7 milliards pour François Hollande, voir Insee, *Évolution de la dette trimestrielle par instruments*.

derrière nous – malgré la crise sanitaire – avec 518,5 milliards d'euros de dette publique en plus entre 2017 et 2022.

Nous allons vers les 114 % de dette par rapport à notre richesse nationale alors que nous réfléchissions avant crise sanitaire à éviter les 100 %. Nous sommes maintenant face à l'Everest de dette. Depuis le début de la crise, nous empruntons entre 300 et 400 milliards d'euros par an pour faire tourner une maison France avec des besoins urgents de financements énormes.

C'est incroyable, car, quand on extrapolait les programmes des candidats pour 2017, c'était plutôt les programmes de Marine Le Pen et de Jean-Luc Mélenchon qui nous faisaient tutoyer les 3 000 milliards de dettes en 2022…

Sur ces 400 milliards par an depuis 2020, la BCE n'en rachète qu'environ la moitié pour un total de dette française détenue par la Banque de France de 757,2 milliards d'euros.

Nous allons donc continuer à emprunter quasiment un milliard d'euros par jour dans les prochaines années pour financer la nouvelle dette et faire rouler l'ancienne, c'est-à-dire se réendetter pour ne pas avoir à rembourser le capital lorsque l'obligation arrive à échéance. La France va se retrouver à partir de 2023 avec des niveaux de refinancement des anciennes dettes qui vont devenir très problématiques, car très élevés, avec plus de 180 milliards d'euros de dettes anciennes à refinancer dans l'année tandis que la BCE va réduire encore ses rachats de dette en mars 2022.

Notre dette va devenir notre croix.

Cette dette n'est pas une dette d'investissement, mais une dette de fonctionnement. Entre 1995 et 2019, la dette a augmenté de 900 milliards pour que la France fonctionne, et de moins de 700 milliards d'euros pour qu'elle investisse. C'est l'inverse de ce qu'il faut faire. Si la France s'était endettée juste pour investir, elle n'aurait pas plus de dette aujourd'hui par rapport à notre richesse nationale que l'Allemagne.

Et même si ce que l'on appelle la « charge de la dette », c'est-à-dire les intérêts d'emprunts qui sont payés chaque année, est faible avec environ 39 milliards d'euros de coût budgétaire de la dette en 2022, celle-ci va augmenter d'un tiers dans les prochaines années, Bercy ayant déjà modélisé cette hausse, à cause de l'inflation sur les obligations d'État indexées (10 % de la dette).

Officiellement donc, on va vers les 3 000 milliards d'euros de dette mais, officieusement, si on fait bien les comptes, et notamment si l'on ajoute tous les engagements « hors bilan » de l'État qui correspondent à des sommes qu'il s'est engagé à verser si certains événements se produisent, on est plutôt à presque 8 000 milliards d'euros de dette pour la France.

Engagements au titre des prestations sociales, pensions dues aux agents en poste ou en retraite jusqu'à leur décès… On peut citer pêle-mêle : 76 milliards de garanties de l'État français pour le fonds européen de stabilité financière, 30 milliards à l'Unedic, 28 milliards à la banque Dexia, 55 milliards pour Bpifrance Assurance Export, 126 milliards de garantie de passif pour le mécanisme européen de stabilité… Et bien sûr, les retraites puisque ces engagements recouvrent des subventions d'équilibre apportées par l'État aux régimes spéciaux de retraite de la SNCF et de la RATP pour 437 milliards d'ici… 100 ans ! Les engagements de retraite pour les agents de l'État sont vertigineux : près de 2 851 milliards en 2020.

Pendant la crise sanitaire, l'État s'est aussi engagé à garantir une partie des prêts pour les entreprises : ce sont des engagements hors bilan de l'État puisque sur 90 % de ces prêts, il a donné sa garantie.

Si ce sujet de la dette hors bilan est moins abordé que celui de la dette, cela tient d'abord à sa nature même : ces engagements, et donc les dépenses qui y sont attachées, sont conditionnés à la réalisation d'événements ultérieurs. Mais il ne faut pas les occulter et ce, d'autant plus que le volume depuis quinze ans est en très forte hausse.

Certains sont même carrément non chiffrés. C'est le cas de l'engagement implicite de l'État en faveur de Bpifrance en cas de faillite de sa filiale, Bpifrance Financement. La commission des Finances du Sénat le déplore, mais cela ne change rien, c'est motus et bouche cousue… Idem pour les engagements hors bilan des collectivités locales qui pourraient, en dernier ressort, retomber sur l'État. Ce sont autant de zones grises de la dette qui font peur. D'ailleurs le problème vient du fait que les collectivités ont leur propre hors bilan notamment à cause de leurs engagements liés à leurs budgets annexes qui ne sont jamais présentés « consolidés » (sociétés d'économie mixte, régies, établissements publics locaux, etc.).

Dernièrement la France a aussi donné sa garantie pour le méga emprunt de la Commission européenne de 750 milliards. Et ce à hauteur de 67 milliards d'euros…

Ces engagements hors bilan ne sont pas contrôlés par les parlementaires et sont devenus un véritable fourre-tout où les gouvernements successifs ont entassé des engagements de l'État divers et variés, sans communiquer dessus et surtout, sans que cela apparaisse dans les chiffres de la dette. Bref, de majorité en majorité, les gouvernants se refilent la patate chaude.

C'est qu'ils ne veulent pas nous faire peur. Pourtant il y a de quoi être effrayé. Surtout qu'on n'a pas l'information de qui détient la dette.

12

200 à 300 milliards de dette détenus par la Chine ?

Qui sont les créanciers de la France ? La question peut paraître incongrue. Elle ne l'est pas. Il est quasi impossible de répondre aujourd'hui à cette question. Pourquoi n'y a-t-il pas d'information au Parlement sur ce sujet ? Pourquoi les ministres de Bercy, quand on leur pose la question, bottent-ils en touche ? Les retraités du secteur public ont le droit de savoir qui paye leurs pensions. Nos millions d'agents publics ont le droit de savoir par quelles banques centrales étrangères leurs salaires sont payés. Ce n'est pas une information anodine.

Les Français pensent que la Banque centrale européenne achète toute la dette émise par la France ? Ils se trompent, car, sur les 400 milliards d'euros environ de dette publique émis par an par la France en 2020 et 2021, la BCE n'en rachète qu'environ la moitié. Une très large part nous est prêtée par le reste du monde.

Le dernier chiffre publié en septembre par l'Agence France Trésor est de 49,5 % de la dette publique française négociable détenue par des non-résidents. Mais, selon le ministre des Comptes publics, dans une intervention dans l'hémicycle de l'Assemblée nationale, les investisseurs étrangers « représentent toujours 65 % des détenteurs de la dette française une fois retraité cet effet d'optique lié à la politique monétaire de la BCE »[1].

De l'ordre de 200 à 300 milliards d'euros de dette française seraient détenus en Chine si l'on en croit des chiffres qui circulent en off à Bercy. Ce chiffre est-il proche de la réalité ? Difficile à dire mais cela pose question, sachant que le volume de titres détenus par les non-résidents est d'environ 1 300 milliards d'euros (la moitié en zone euro).

Certes, la Chine possède aussi plus de 1 000 milliards de dollars de dette publique américaine (soit un peu moins de 4 % de la dette des États-Unis pré-crise), ce qui fait dire à certains que c'est une arme dans ses mains pour négocier avec les États-Unis. Sauf qu'il faut comparer ces 1 000 milliards à plus de 24 000 milliards de dollars de dette américaine. Dès lors, que dire pour la France ? Avons-nous encore le droit de nous fâcher avec la Chine ou d'autres créanciers ? La Chine est connue pour créer, là où elle le peut, des situations de dépendance et d'interdépendance. C'est une vraie question. Même les pays les plus endettés comme le Japon ou l'Italie prennent bien soin de ne pas trop internationaliser leur dette, avec 14 % pour le Japon et 30 % pour l'Italie détenus par des non-résidents au dernier trimestre 2020. Et les États-Unis ont seulement 24 % de leur dette publique détenue en dehors de leurs frontières toujours à fin 2020.

La France vogue actuellement vers les 3 000 milliards d'euros de dette publique.

La solution ? Que nous arrêtions de parler uniquement de souveraineté et d'actifs stratégiques en ne

1. Discours d'Olivier Dussopt, le 22 mars 2021.

pensant qu'aux entreprises et en oubliant le passif de l'État français. La souveraineté financière de la France est en jeu.

Bien évidemment, il est tentant de considérer que la très grande liquidité de la dette française et son internationalisation sont des atouts importants pour la qualité de la signature française. Mais cet optimisme relève d'une approche de court terme. La question de la « soutenabilité » de la dette française mais aussi de la souveraineté de la France sont devant nous.

Le rapport Arthuis[1] reconnaît d'ailleurs que la dette est devenue un sujet de souveraineté avec ces mots : « nous avons déjà vu des pays devenir dépendants de leurs créanciers ». C'est dès maintenant que nous devons limiter l'internationalisation de notre dette publique. Que ferons-nous quand nos créanciers viendront nous réclamer des centaines de milliards à rembourser que nous n'aurons pas ? Nous leur céderons les îles du Pacifique ? Le château de Versailles ou le port du Havre ? Quand on pose la question aux caciques de Bercy, ils répondent que, contrairement aux pays en voie de développement, la France n'a jamais signé de clause avec ses créanciers permettant à ces derniers de venir réclamer des actifs à la France. Nos finances publiques sont dans un tel état que cet argument n'est pas rassurant du tout.

En partant de l'adage dangereusement cocardier qui consiste à dire « nous avons les déficits de l'Italie et les taux d'intérêt de l'Allemagne », la France a laissé dériver ses finances publiques. Notre Parlement doit

1. « Nos finances publiques post-Covid-19 : pour de nouvelles règles du jeu », Commission pour l'avenir des finances publiques, rapport publié en mars 2021, commission pilotée par Jean Arthuis.

être beaucoup plus informé qu'il ne l'est sur les détenteurs de la dette française à l'étranger et il dispose d'un pouvoir d'enquête potentiellement plus étendu en la matière que celui de l'Agence France Trésor ou de la Banque de France auprès des organismes de compensation.

Afin de pouvoir y répondre en toute connaissance des faits, les citoyens ont le droit d'avoir les réponses aux questions suivantes : quelles sont les banques centrales étrangères qui détiennent de la dette française ? Quelles sont les nationalités des principaux détenteurs d'obligations publiques ? Au Sénat, un amendement demandant au gouvernement la communication des détenteurs de plus de 2 % de notre dette au 31 décembre de chaque année a été adopté récemment. Malheureusement, l'amendement a sauté sous la pression. Il n'était peut-être pas parfait, mais a le mérite de poser dans le débat institutionnel la question taboue.

Il faut dire que nous sommes dans un curieux système qui protège les détenteurs de passifs (publics et privés) mais traque les détenteurs d'actifs. Pourquoi ne pas créer, en quelque sorte, un « tracfin » de la dette publique ? Bercy doit faire la lumière sur ceux qui, en achetant notre dette, détiennent *de facto* une partie de notre avenir. C'est une question de finances publiques mais aussi de souveraineté et de liberté géopolitique.

Le risque ? Ne plus être considéré par les investisseurs comme un pays du cœur de la zone euro, mais comme un pays dit « semi-CORE » et que cela débouche sur une très forte crise institutionnelle, notamment avec l'Allemagne et les pays du Nord de l'Europe.

La souveraineté financière de la France est désormais en jeu. Que ferons-nous, alors même que l'inflation revient, quand nous serons au pied du mur de la dette avec des taux beaucoup plus hauts ? Et la charge de la dette est multipliée par deux ou par trois[1]... Ne vaut-il mieux pas anticiper ?

1. *Rapport social économique et financier 2022*, p. 114.

13

270 % du PIB entre dette publique et dette privée

On sait que la dette publique explose. Qu'elle est devenue gigantesque. On le sait moins pour la dette privée, celle des ménages et des entreprises non financières. Et pourtant, c'est le cas aussi. Le taux d'endettement du secteur privé non financier en France au dernier trimestre 2020 a considérablement augmenté pour atteindre un chiffre record de 156 % du PIB[1]. Si l'on y ajoute les près de 114 % d'endettement public, la dette publique et privée française culmine donc à 270 % du PIB. Ce qui place la France juste derrière la Grèce (330 % du PIB) et le Portugal, et très loin devant l'Allemagne (179 % du PIB).

À fin 2018, selon le Fonds monétaire international, les entreprises françaises figuraient déjà dans le club restreint des plus endettées dans le monde, en pourcentage du PIB : plus de 143 % contre 74,45 % aux États-Unis. Un niveau loin de l'Irlande (191 %), mais pas si éloigné des plus hauts de la Belgique, des Pays-Bas ou de la Chine (153,6 %).

Depuis 2008, le taux d'endettement des entreprises françaises n'a pas cessé de progresser chez nous, passant

1. Rapport publié le 26 mai 2021 par la Banque de France.

de 117,5 % à 143,2 % du PIB. C'est près du triple du niveau observé chez nos vertueux voisins allemands (57,2 %).

Sur l'année 2020, la France enregistre une hausse de plus de 21 points du taux d'endettement de ses agents privés non financiers par rapport à 2019. C'est bien plus qu'en Allemagne (+ 9,6 points), qu'en Italie (+ 12,7 points) ou qu'en Espagne (+ 15,7 points). Mais aussi, hors zone euro, beaucoup plus que les + 13,7 points pour les États-Unis, + 18,5 points pour le Japon ou + 12,6 points pour le Royaume-Uni. Si la même dynamique à la hausse s'observe ailleurs dans le monde, la France, avec 156 %, présente l'un des taux d'endettement des agents privés non financiers les plus élevés de la zone euro.

Si la hausse est particulièrement marquée chez nous, c'est notamment en raison des PGE, soit les prêts accordés aux entreprises et garantis par l'État. Depuis le début de la crise sanitaire, 160 milliards d'euros ont été accordés par les banques et 700 000 entreprises sont concernées. Symbole de la mise sous perfusion de l'économie, les PGE ont préservé la trésorerie des TPE, mais ils laissent aussi planer beaucoup d'incertitudes sur les remboursements. Et surtout ces prêts ont été beaucoup moins massifs au Royaume-Uni (90 milliards) ou en Allemagne (55 milliards).

À la différence d'un prêt classique, qui finance un investissement, les PGE n'ont pas créé de valeur pour les entreprises, car ils ont été utilisés pour payer les charges courantes. Comme elles n'ont pas de trésorerie, les entreprises devront rembourser les PGE grâce à leurs revenus futurs. Les trois quarts d'entre elles sont de très petites entreprises (TPE) ou de petites ou moyennes entreprises (PME) et on ne sait pas encore si elles seront capables de rembourser en mars 2022 leurs prêts garantis par l'État.

Et les conséquences à long terme de cet endettement supplémentaire contracté pendant la crise sanitaire interrogent. La capacité de nos entreprises à investir ou à embaucher dans les prochaines années risque d'être sérieusement compromise.

C'est d'autant plus préoccupant que nos entreprises ployaient déjà avant crise sous une dette de 2 000 milliards, plus importante que leurs homologues allemandes notamment, deux fois plus élevée en proportion. La dette vient en grande partie du fait que nos entreprises sont moins profitables que leurs concurrentes étrangères, car plus imposées et cela pèse mécaniquement sur leurs fonds propres, d'où des conséquences délétères sur l'investissement (par endettement) et donc sur l'emploi. Un montant propulsé par les prêts garantis par l'État. À fin avril 2020, leur encours de dette a quasi doublé depuis la crise du Covid ; le mur de la dette des sociétés françaises va ainsi entrer dans une zone à risque.

La dette privée des entreprises pourrait devenir dans les mois qui viennent un sujet explosif. Des pistes sont avancées pour transformer les PGE en prêts participatifs, mais si c'est adapté pour les grandes entreprises et les entreprises à taille intermédiaire (ETI) (23 % du montant des PGE), c'est totalement inadapté aux TPE ou PME qui verraient leurs actionnaires dilués et déboussolés. Par ailleurs, est-ce le rôle de l'État de gérer des milliers de participations dans des entreprises privées ? Certainement pas.

Enfin, une étude[1] datée de septembre 2021 du Centre d'analyse économique et du Crédit mutuel pointe la difficulté pour nombre d'entreprises à rembourser ces

---

1. « La situation financière des PME/TPE en août 2021 », CAE, septembre 2021.

emprunts : « En août 2021, 15 % à 25 % des entreprises ayant souscrit un PGE seraient dans l'incapacité de rembourser une annuité correspondant à 20 % du montant de ce prêt ».

Dans le secteur de la construction par exemple, traditionnellement fragile, plus de 16 % des PME et TPE seraient à la peine pour faire face à leur première échéance qui arrive en… avril 2022.

À ce stade, dette publique et dette privée sont intimement liées, car l'État est en garantie pour 90 % des PGE, PGE qui ont été accordés aux entreprises les plus fragiles de notre pays. Si elles se retrouvent à ne pas pouvoir rembourser ces prêts garantis par l'État, c'est la dette de l'État qui va encore enfler selon un mécanisme de vases communicants.

14

200 milliards de déficit, le plus lourd déficit historique

L'année 2020 marque le pire déficit que la France ait jamais connu avec 209 milliards d'euros en négatif pour les comptes publics. Une énorme claque. On constate que le déficit public est quasiment stable en 2021 où il atteint déjà 200,4 milliards d'euros. En 2022, le déficit sera toujours abyssal autour de 129,7 milliards.

Il n'y a qu'en 2009, année de la crise dite des *subprimes*, où le déficit avait dépassé ce niveau. Il était de 7,5 % du PIB et de 138,9 milliards d'euros. Alors que là, cela fait deux ans que l'on dépasse les 8 % du PIB (- 9,1 % en 2020 et encore - 8,2 % du PIB en 2021).

En 2020, en moyenne en Europe, les déficits publics ont été de 7,2 %. La France se classe maintenant clairement dans les pays du Sud, car l'Allemagne, le Luxembourg, les Pays-Bas, le Danemark et la Suède sont tous, même en 2020, en dessous de 5 % de déficit par rapport à leur richesse nationale.

C'est le déficit de l'État qui bat tous les records avec les annonces de nouvelles mesures d'urgence en 2021 : 205,2 milliards. On pourrait croire que ce déficit public est temporaire et lié uniquement aux mesures d'urgence et de relance, il faut se garder d'avoir de telles convictions.

En effet, le déficit que l'on appelle « structurel », c'est-à-dire le déficit qui existe qu'il y ait crise ou non, est établi par le Haut Conseil des finances publiques, émanation de la Cour des comptes, à plus 6,8 % du PIB en 2021. Beaucoup de ministères ont profité de la crise pour augmenter encore leurs dépenses de fonctionnement et donc creuser ce déficit. En 2021, les dépenses de fonctionnement ont même augmenté de 48 milliards par rapport à 2020.

Le « quoi qu'il en coûte » dope la croissance de la France à la dépense publique. Tout cela financé à crédit par de la dette… Alors, si le gouvernement vante une croissance solide, forte et dynamique à 6,25 % en 2021, elle vient pour un tiers des dépenses des administrations publiques.

Pas grave si c'est de la dépense publique d'investissement, diront certains. Mais, en réalité, la contribution de l'investissement des administrations publiques représente seulement 0,4 point dans les 6 % de croissance en 2021. C'est peu.

On entend déjà la réplique : oui, mais les autres pays font comme nous, ils ont lâché les vannes de la dépense publique. Il faut dire que le chéquier est particulièrement ouvert fin 2021 avec des promesses de dépenses supplémentaires pour l'année en cours (chèque énergie additionnel à 580 millions d'euros par exemple) et des promesses de dépenses en plus pour 2022 non budgétées dans la loi de finances adressée au Parlement (Grand plan d'investissement, revenu d'engagement pour les jeunes…).

Si l'on se penche sur la comparaison France/Allemagne, alors le verdict est sans appel. Certes, l'Allemagne va clôturer l'année 2021 avec une croissance estimée à 2,6 % qui semble très loin des plus de 6 % de la France, mais, outre-Rhin, c'est vraiment l'investissement privé et le solde extérieur, donc les exportations, qui la dynamisent avec plus des deux tiers de création de valeur ajoutée privée, alors qu'en France c'est un peu plus de la moitié seulement.

En clair, si nous n'avions pas des dépenses publiques de fonctionnement aux vannes ouvertes pour 2021, nous aurions la même croissance peu ou prou que l'Allemagne... L'effet rebond tant vanté est donc largement dû à la relance par la dépense du secteur public. Relance financée par le déficit (200 milliards d'euros en 2021) et la dette (180 milliards de dette en plus).

En 2022, ce n'est guère mieux : le déficit structurel serait de 5 % du PIB, l'augmentation des dépenses courantes publiques de 47 milliards d'euros entre 2021 et 2022. Une large part de la croissance reposera donc encore sur la dépense publique. L'État prévoit d'ailleurs encore pour 2022 une émission de nouvelles dettes à moyen-long terme de près de 260 milliards d'euros.

Cette croissance financée à crédit est-elle pérenne ? Pas vraiment, sauf à accepter la poursuite sans fin de la dégradation des finances publiques. Le gouvernement a assis sa prévision (optimiste) de 4 % de croissance pour 2022 sur l'hypothèse d'une consommation privée au top. Sauf qu'on est en campagne et qu'il y a fort à parier que le dérapage des dépenses publiques va continuer en 2022, continuant de gonfler artificiellement la croissance en la finançant par du déficit et de la dépense publique.

15

1 454 milliards de dépenses publiques

Attention, on a lâché les dépenses publiques : 1 454,5 milliards de dépenses publiques dont environ 558 milliards d'euros pour l'État en 2022[1] et environ 253 milliards pour les collectivités locales (143 milliards au niveau des communes, 73 milliards au niveau des départements et 38 milliards pour les régions[2]), auxquels il faut ajouter 570 milliards[3] de dépenses de la Sécu. Et encore, il manque les dépenses d'assurance chômage et les retraites complémentaires…

Des milliards et des milliards, plus de 5 millions de fonctionnaires et pourtant un système de santé qui dysfonctionne, l'Éducation nationale aussi, la Justice aussi… de quelque côté que l'on se tourne, les services publics français, naguère si réputés, montrent un décrochage alors qu'avec 60 % de dépenses publiques par rapport au PIB en 2021, la France est le pays qui dépense le plus d'argent public.

La dépense publique dans notre pays explose tous les compteurs. Alors que la moyenne des pays d'Europe

1. RESF 2022 et Assemblée nationale, *Rapport général relatif au PLF 2022*, tome 1.

2. *Les finances des collectivités locales en 2021*, Bulletin d'information statistique de la DGCL.

3. PLFSS 2022.

était en 2020 à 53 % de dépenses publiques par rapport à la richesse nationale, la France dépassait les 62 % (1 420 milliards) ! 200 milliards de plus par an par rapport à nos voisins... pas une paille[1] !

En 2017, Emmanuel Macron avait fait une promesse : une baisse de 60 milliards d'euros des dépenses publiques afin de les ramener à 53,5 % du PIB à l'horizon 2017, puis à 50 % en 2022. Il n'en sera rien, car en 2021, la dépense publique pèse pour 60,7 % du PIB. Le pic est dû aux dépenses de soutien à l'économie des années 2020 et 2021, mais, même avant crise, la promesse présidentielle n'était pas honorée car, en 2019, les dépenses publiques représentaient toujours 55,4 % du PIB.

Le programme d'En Marche proposait pourtant des mesures d'économies *via* des réformes sociales sur les retraites, la politique du logement, l'assurance chômage ou encore la baisse des effectifs publics, mais ces projets, oubliés ou abordés trop tard dans le quinquennat, ont été peu ou prou abandonnés. Si les réformes avaient été menées entre 2017 et 2019, la France serait entrée beaucoup plus forte dans la crise.

Tous les budgets votés et exécutés sous cette présidence ont fait augmenter les dépenses publiques en valeur : + 17,1 milliards entre 2017 et 2018, et + 34,2 milliards d'euros de 2018 à 2019, une année non impactée par la crise sanitaire. L'explosion se fait en 2020 avec 70,3 milliards de dépenses publiques en plus. Entre 2020 et 2021, la hausse des dépenses publiques est prévue à 65,1 milliards d'euros[2].

---

1. AMECO database, Commission européenne.

2. RESF 2022 et Assemblée nationale, *Rapport général relatif au PLF 2022*, tome 1.

Bizarrement, malgré la kyrielle d'annonces tonitruantes sur le sujet, les dépenses d'investissement de ce quinquennat sont très faibles. Si l'on remonte un peu dans le temps, on constate que les deniers de l'État consacrés à l'investissement sont faibles : 11,5 milliards en 2016, 10,5 en 2017, 12,6 en 2018, 10,6 milliards en 2019... Environ 3 % de la dépense. L'épaisseur du trait quand le fonctionnement se taille la part du lion.

Heureusement, les collectivités locales sont tenues par la règle suivante : pas d'endettement en dehors de l'investissement. Elles investissent d'ailleurs en proportion plus que l'État : 59,8 milliards d'investissements au sein de 289,7 milliards de dépenses, soit 21 % de leurs dépenses (5,4 fois plus que l'État)...

Alors, le gouvernement essaie de masquer tant bien que mal la faiblesse de son investissement en annonçant un « grand plan de 30 milliards », France 2030. Le total du plan se chiffre officiellement à 33,5 milliards d'euros. De prime abord, par rapport aux objectifs, on ne peut pas être contre : pour la « décarbonation », pour le nucléaire, pour une alimentation saine, pour le développement des biomédicaments, la culture, le spatial et l'exploration des fonds marins...

Sauf que... sur les 30 milliards seuls dix n'étaient pas déjà dans les tuyaux budgétaires. Le gouvernement recycle : des crédits non utilisés du programme d'investissements d'avenir pour 9 milliards d'euros, une autre dizaine de milliards vient du plan de relance de 100 milliards.

En réalité, environ trois milliards d'euros d'investissements frais seront votés sur les 30 milliards avant la fin du quinquennat. C'est plus que léger et en complet décalage avec le ramdam fait autour de ce plan.

Qu'en conclure ? Que le gouvernement semble ne se rendre compte qu'*in extremis* que ses mesures d'urgence et de relance sont parties pour gonfler la dépense de fonctionnement – comme souvent en France –, et tente de renflouer en urgence la croissance potentielle de la France qui reste toujours aussi anémiée.

Reste à savoir si le petit volume de milliards d'investissements réellement injectés aboutira à une hausse de la croissance à moyen-long terme. Rien n'est moins sûr. Il serait temps de rogner sur le fonctionnement, de sortir de la bureaucratie, pour investir vraiment dans l'avenir, loin des effets d'annonce.

Partie IV

Bureaucratie

16

120 000 postes en moins ou en plus ?

À coups d'embauches, de revalorisations et de primes, les dépenses de personnel du secteur public auront dérivé de plus de 20 milliards en cinq ans entre 2017 et 2022. Cette augmentation est clairement une conséquence de l'abandon par le président de la République de son objectif de baisse de 120 000 postes publics, avec 50 000 postes dans la fonction publique d'État et 70 000 postes dans la fonction publique territoriale, mais aussi de substantielles revalorisations salariales.

Rien que sur les rémunérations de l'État, y compris les pensions, avec 137 milliards de dépenses, c'est 10,3 milliards en plus depuis 2017. Pour rappel, sous la présidence de Nicolas Sarkozy, la masse salariale hors pensions avait augmenté à champ constant de 2,5 milliards. Pendant le quinquennat de François Hollande, la masse salariale de l'État avait augmenté de 5,3 milliards d'euros. À comparer aux + 7,6 milliards d'euros hors pensions entre 2017 et 2022.

Quant au nombre d'agents, s'il est difficile de faire un vrai bilan à ce stade, force est de constater qu'entre l'État lui-même et ses agences, le plafond d'emplois autorisé en équivalent temps plein travaillé aura augmenté pendant le quinquennat de plus de 37 625, à comparer avec une baisse de 223 728 sous Nicolas Sarkozy et une hausse de 27 677 sous François Hollande.

Et c'est loin d'être fini puisque les nouvelles promesses du gouvernement vont peser encore des milliards : 8,2 milliards d'euros pour le personnel soignant, 900 millions d'euros pour les enseignants, 250 millions pour les agents de catégorie C... Les milliards pleuvent dans les derniers mois du quinquennat.

Ce quinquennat sera le plus cher de tous en augmentation du coût des personnels publics : entre 20 milliards et 30 milliards d'euros en plus en cinq ans, un record !

Relevons toutefois que les « cadeaux » salariaux en cette année électorale 2022 sont plus faibles qu'en 2017. L'augmentation de la masse salariale était de 3,4 milliards entre 2016 et 2017, elle sera de 2 milliards en 2022. Relevons aussi que le gouvernement a tenu bon sur le gel du point d'indice de la fonction publique. Cela dit, la dérive de 10 milliards d'euros sur les dépenses de personnel de l'État est bel et bien là. Et l'Insee anticipe même sur le quinquennat, non pas une baisse de 120 000 postes d'agents publics, mais une hausse de 120 000 postes avec un record de 5,8 millions d'agents[1] ! Notre masse salariale publique nous coûte 40 milliards de plus par an que dans les autres pays de la zone euro. En effet, nous dépensons, selon les données OCDE[2], 12,5 % du PIB en personnel, pour nos agents publics, quand la moyenne européenne est à 10,8 % du PIB. C'est beaucoup trop. Pourtant il semble

---

1. Enquête Emploi Insee.

2. *Government at a Glance 2019* – © OECD 2019. Figure 2.52. *Production costs as a percentage of GDP, 2007, 2017 and 2018.*

que personne n'arrive à inverser la vapeur. Comment en sommes-nous arrivés là ?

Il faut dire que, pour faire tourner la bureaucratie française, il faut des bureaucrates et même des bureaucrates d'exception. C'est l'énarchie française. Détricoteurs de l'ombre des réformes, ils empêchent la suppression du statut public, ils freinent des quatre fers sur les réductions de postes, ils refusent la décentralisation du système et contribuent à ajouter une louche de complexité chaque fois que sont annoncées des « simplifications ».

Nos fonctionnaires bénéficient de possibilités étonnantes : pouvoir faire moult allers-retours entre public et privé, protégé par le statut à vie sans jamais connaître l'angoisse du chômage. Pouvoir, tout en restant haut fonctionnaire, faire de la politique sans démissionner, alors que ce serait tout à fait impossible notamment au Royaume-Uni où les hauts fonctionnaires ont un devoir de neutralité.

Pouvoir mal gérer une administration sans jamais risquer non plus d'être sanctionné, voire même être promu... Avoir une rémunération (parfois plus élevée que celle du président de la République) tenue secrète alors que la liste des 172 hauts fonctionnaires qui gagnent plus que le Premier ministre et leurs rémunérations est publiée au Royaume-Uni...

En 2012, Matignon a daigné révéler au magazine *Challenges* le chiffre des 656 hauts fonctionnaires gagnant plus que le président de la République (dont 385 cadres du Quai d'Orsay, 232 à Bercy). Pourtant, sur ce sujet, tout est toujours confidentiel en France et figure dans une note classifiée de seulement cinq pages qu'on nomme « REM 150 » pour « rémunérations au-dessus de 150 000 euros par an ». Non publiée, non consultable. Évidemment.

Idem pour les rémunérations des agents de l'Assemblée et du Sénat dont nombre gagnent plus que les parlementaires eux-mêmes. En toute discrétion.

Cette opacité risque bien de perdurer avec la nouvelle école censée remplacer l'ENA, car les hauts fonctionnaires continueront à vivre – cachés mais puissants – du statut et à le protéger, à faire de la politique tout en étant employés à vie par l'État...

Ne nous trompons pas de combat, il faudra de grands talents pour servir la France dans les prochaines années, mais pas des talents technocratiques. Ces talents existent, chez nos entrepreneurs, dans nos associations, nos entreprises, chez nos indépendants qui tous connaissent, chacun à leur niveau, les affres de la confrontation avec la bureaucratie de notre pays et avec son suspicieux contrôle.

Les choses doivent évoluer. On ne pourra jamais faire baisser le poids de notre bureaucratie sans aller vers des embauches sous contrat et la transparence des rémunérations pour nos hauts fonctionnaires, sur le principe de la transparence qui s'applique aux politiques et sur des délégations de services publics.

Nous avons plus de 500 000 agents publics par rapport à nos voisins européens. Être plus responsables de leur gestion devant la représentation nationale ? Accepter d'être embauchés sous contrat ? Et pour ceux qui s'engagent en politique, démissionner, c'est pour quand ? Oser parler de productivité et de coûts de gestion comme partout ailleurs en Europe. Pour nos agents publics, c'est pour quand ?

17

650 milliards d'euros de coûts de production de nos services publics

650 milliards, c'est le coût de production annuel de nos services publics ! 27 % du PIB en 2018... quand la moyenne des pays européens (21 pays) est de 23,6 %. L'écart est donc de 3,6 points de PIB, soit la bagatelle de 84 milliards d'euros qui découlent directement de notre sur-administration à la française et notre capacité à doublonner. En 2007, l'écart était de seulement trois points de PIB.

Nous payons donc pour produire nos services publics 84 milliards d'euros de trop par an. Un surcoût lié à notre mauvaise organisation publique et à sa sous-productivité qui est considérable. Ces 84 milliards de plus ne nous permettent même pas d'avoir à notre disposition des services publics plus efficaces qu'en Allemagne.

D'ailleurs, les Français ne sont pas dupes : en 2019, dans un sondage BVA pour la presse régionale, 53 % d'entre eux constataient une dégradation des services publics depuis dix ans.

Oui, le mal français du surcoût bureaucratique n'est pas nouveau et a même tendance à s'aggraver.

Ces 84 milliards d'écart, c'est bon an mal an l'équivalent du déficit « habituel » de l'État français : 92 milliards en 2019. Pour rappel, cela représente tout de même 80 % du déficit de la zone euro la même année. Un déficit qui pourrait se résorber si l'on parvenait (en réformant) à produire nos services publics à un coût plus raisonnable...

Malheureusement, on l'a bien constaté pendant la crise sanitaire, cette sur-administration se retrouve dans l'ensemble de nos politiques publiques. Dans la santé, dans l'éducation, dans la Sécurité sociale, partout, nous avons superposé les niveaux de décision et donc augmenté le coût de nos services publics sans que cela soit un gage d'efficacité.

Un rapide coup d'œil permet d'isoler des milliards de surcoût totalement injustifiés. Les coûts de production dans la Sécurité sociale sont de 10 milliards de plus par an par rapport à la moyenne des pays de l'Union européenne. Au niveau de l'Éducation nationale, les coûts de fonctionnement de l'enseignement public sont 29 milliards au-dessus de ceux de l'enseignement privé sous contrat si l'on applique aux élèves du public la dépense accordée[1] aux élèves du privé. Quant à la masse salariale publique, elle coûte, en moyenne, 40 milliards de plus que dans les 20 pays comparables en Europe. Tous les ans, des rapports parlementaires, des missions spéciales, des enquêtes de la Cour des comptes ressassent ces problématiques sans que rien ne bouge jamais. Nous continuons invariablement d'additionner les coûts.

Pourtant, on peut débureaucratiser en externalisant, comme nos voisins européens. Comment ont-ils fait ? Ils ont confié à des entreprises privées les fonctions support.

1. Y compris la part payée par les familles.

Ce n'est pas un agent embauché à vie qui vient faire le ménage dans les lycées allemands, c'est un salarié d'une entreprise privée dont le lycée est un client comme un autre. Ce sont souvent des gestionnaires privés qui gèrent les hôpitaux publics, en Allemagne, comme en Suède... Bref, si l'on reprend les données de l'OCDE, si la France externalisait ses coûts de production publics au niveau de l'Allemagne tout en baissant ses dépenses de personnels, nous économiserions autour de 60 milliards d'euros par an sur nos coûts administratifs.

Actuellement, le problème de la France est que, même lorsque nous sous-traitons des missions publiques, nous maintenons la compétence en interne dans nos administrations publiques, en même temps. Nous renchérissons alors nos coûts bureaucratiques de 20 %.

Nous serions bien inspirés d'imiter nos voisins allemands ou nordiques où les fonctionnaires sont moins nombreux, mais mieux payés et soumis à une vraie logique de résultat...

Ces coûts de production de nos services publics reflètent le manque criant de productivité de nos administrations à la fois centrales, locales et sociales. Beaucoup ont tenté d'évaluer la réelle productivité de nos services publics. Rien n'est plus difficile. Tout ce que l'on peut dire, c'est que notre secteur administratif (non marchand) écrase notre secteur marchand et nos entreprises, et que la période que nous venons de vivre avec son « quoi qu'il en coûte » sans fin a contribué à augmenter le déséquilibre structurel de la France entre secteur marchand et non marchand dans la richesse nationale.

Pour mieux comprendre le sujet, il convient de se plonger dans la France des 34 970 communes, mais aussi de 60 000 guichets publics.

18

60 000 guichets publics

Partout, on a ouvert des guichets sociaux et des guichets pour tout (60 000 accueils physiques sur l'ensemble du territoire, 500 par département...). Une capacité à démultiplier qui n'est pas nouvelle – la France compte ainsi 40 % des communes de l'Union européenne. Depuis 1992 et surtout 1999, on a inventé une nouvelle couche, les intercommunalités, et on a fait passer la masse salariale des communes et intercommunalités de 23 milliards d'euros en 2002 à 49,9 milliards d'euros en 2020[1] (+ 117 %)...

On voulait décentraliser la gestion publique ? On a gardé les effectifs au niveau de l'État et on a embauché au niveau local. On avait toujours trop d'agents au niveau de l'État ? On a embauché massivement dans les agences de l'État (avec plus de 400 000 agents), planquant ainsi des milliers d'agents et leur masse salariale...

La base de données du site servicepublic.fr référence plus de 60 000 guichets publics locaux (mairies, organismes sociaux, services de l'État, etc.) : 3 551 commissariats et gendarmeries, 826 guichets de Pôle emploi,

1. Cour des comptes, *Rapport sur les finances publiques locales 2021*, tome 1.

40 tribunaux administratifs, 152 tribunaux de commerce, 126 tribunaux de proximité, 172 tribunaux judiciaires, 101 préfectures, 20 agences régionales de la santé (ARS), 837 guichets de CAF, 733 de CPAM, 177 de la MSA, 114 des URSSAF, 105 guichets de la Banque de France, 1 371 trésoreries, 616 services des impôts aux particuliers, 512 services des impôts aux entreprises, 23 directions régionales des finances publiques…

Partout, donc, on a ouvert des guichets publics : dans les 34 970 communes, dans les 1 258 intercommunalités, 101 départements et 18 régions. On comprend aisément que la France soit leader en termes de doublons. On a d'ailleurs pu assister, en pleine crise sanitaire, à de longs débats entre les maires, les préfets et les ARS sur qui devait nettoyer et désinfecter l'espace public, sur le port du masque – ou non – obligatoire en ville, etc.

Pendant trente ans, on a empilé sans retenue et rien ne s'est passé, presque personne n'a bronché. Les Français ont fait le dos rond, habitués et résignés face au mille-feuille administratif et à la complexité des démarches.

Si cette multitude de structures se justifiait (peut-être) de 1945 à 1990, quand tous les documents étaient sous format papier et que tous les traitements se faisaient localement, elle n'est plus justifiable à l'heure d'Internet. Malheureusement, la révolution numérique est largement restée aux portes de nos organisations publiques qui étaient toutes plus paniquées les unes que les autres par le confinement et le travail à distance alors qu'en quelques jours, voire quelques heures, les entreprises privées de notre pays s'étaient adaptées.

Cette inadaptation de nos guichets publics au numérique a posé et pose un grave problème. On peut même dire que cela a fait plonger notre richesse nationale plus qu'ailleurs en 2020. L'estimation de la contribution des administrations est de moins un point sur la croissance selon les comptes nationaux 2020 de l'Insee[1].

Qu'on parle de millefeuille, de mammouth, des douze travaux d'Hercule, l'administration française est incroyablement complexe. Il y a bien, déjà, beaucoup de formulaires en ligne, mais souvent il faut les télécharger, les imprimer, les remplir et... les envoyer par la poste !

Pourtant, à 2 500 kilomètres de chez nous, l'Estonie a tout compris. S'il faut encore sortir de chez soi pour se marier, divorcer et acheter une maison, pour le reste, les Estoniens s'en remettent à leurs claviers et smartphones pour payer leurs impôts, déposer une plainte et la suivre, récupérer des médicaments et des prescriptions, demander une subvention, percevoir des aides, créer une entreprise ou voter.

En France, tout reste encore à faire. Le guichet unique du dernier kilomètre, le dispositif France Services qui remplace les maisons de l'Etat et les maisons de service au public, se déploient très lentement : 1 123 points sur les 2 000 à installer d'ici 2022[2].

Quant à la reconnaissance faciale pour une identité numérique unique, elle est encore dans les limbes et on attend toujours une fusion entre la carte Vitale, la carte d'identité, la carte d'électeur et le permis de conduire sur notre portable, comme cela est mis en place progressivement déjà en Belgique et au Portugal... Cela éviterait les cartes Vitales surnuméraires et des milliards de fraude...

1. Les comptes nationaux 2019 de l'Insee étaient à + 0,6.
2. Voir le point de l'AMF.

19

2 millions de cartes Vitales surnuméraires ou 153 000 ?

Voilà une question que quelques-uns de nos parlementaires ont osé poser à l'administration de la Sécurité sociale : combien y a-t-il de cartes Vitales en trop en circulation ? Ces « cartes Vitales cadeaux » qui pourraient représenter une fraude à la Sécu de plus de 5 milliards d'euros par an… Bien malin qui sait répondre. Les dirigeants de la Sécu ont été auditionnés sur le sujet ont oscillé entre 2,3 millions de cartes, 600 000 ou bien 153 000…

Bref, on ne sait pas trop, les services semblent avoir du mal à compter… Alors des sénateurs ont déposé une proposition de loi.

Comme on le comprend facilement, l'idée est de pouvoir vérifier l'identité de la personne qui demande à faire payer ses soins par l'assurance maladie de notre pays grâce à son empreinte digitale, comme cela existe déjà ailleurs en Europe.

En Belgique, par exemple, depuis le 1er janvier 2014, les ressortissants belges de plus de 12 ans bénéficient d'une carte d'identité électronique, la carte « eID » qui inclut la carte SIS (l'équivalent de notre carte Vitale). La carte eID représente donc l'équivalent d'une fusion sous format électronique entre notre carte d'identité et notre carte Vitale. C'est la puce de la carte qui détient le numéro d'identifiant de la Sécurité sociale, permettant aux organismes sociaux de vérifier le statut en temps réel de l'assuré et d'appliquer le tarif et/ou le montant des prestations justifiées par la situation personnelle et familiale de chacun.

Grâce à ce système, l'assuré n'a plus besoin de subir de longues et redondantes procédures d'instruction de dossier. Cela permet également aux services sociaux de vérifier la véracité des déclarations d'emploi, donc de lutter contre le travail illicite ou dissimulé et la fraude aux cotisations et contributions sociales. D'une pierre deux coups.

Étonnamment, alors que les divers rapports sur le sujet proposent comme une évidence cette carte Vitale biométrique pour la France, une proposition de loi sénatoriale en ce sens a été rejetée par le gouvernement. Et ce, sous trois prétextes peu crédibles :

– une expérimentation originale de e-carte Vitale est déjà en cours, le processus serait déjà en marche. Avec quelques bémols tout de même : la e-carte Vitale expérimentée dans le Rhône et dans les Alpes-Maritimes n'est à ce stade pas biométrique et le gouvernement attend en la matière un feu vert de la CNIL, qu'on va pouvoir attendre longtemps. Second bémol : l'expérimentation est prolongée de deux ans. La lenteur d'exécution de la réforme semble donc de mise, elle ne serait appliquée qu'après 2022 et ce, alors que la fraude continue à battre son plein ;

– deuxième prétexte : passer de la carte Vitale que nous connaissons à une nouvelle « coûterait cher » avec 3 à 6 euros par carte, soit un peu plus de 120 millions d'euros à dépenser pour avoir un meilleur système.

Face à plusieurs milliards de fraudes, l'argument du gouvernement ne tient pas la route une seconde ;

– troisième prétexte : la création d'une carte Vitale biométrique poserait enfin des problèmes extrêmement délicats en matière de protection de la vie privée et des données personnelles. Difficile de comprendre cet argument ! La carte Vitale biométrique, en ne protégeant plus l'anonymat des fraudeurs, porterait atteinte à leur liberté ? C'est d'autant moins vrai qu'une opportunité est à saisir : depuis le 2 août 2021 la CNIe (carte nationale d'identité biométrique) est en place en France en vertu du règlement européen du 20 juin 2019 renforçant la sécurité des cartes d'identité et du règlement eIDAS du 23 juillet 2014.

Faut-il rappeler que la fraude sociale est évaluée à 20 milliards d'euros par an en comptant les cotisations et les prestations ?

On comprend qu'on est en bureaucratie quand on ne sait pas compter les cartes Vitales, qu'on a des lois que personne ne respecte, que l'on garde des guichets ouverts sans visiteurs... Kafka n'est pas loin.

Partie V

Inactivité

20

11 % d'économie grise ?

C'est une quête qui semble un peu vaine. Trouver le vrai chiffre de l'économie non déclarée dans notre pays. Autant chercher une aiguille dans une botte de foin. Pourtant l'Insee est censé intégrer, en vertu des nouvelles règles européennes, une partie de cette économie grise dans le calcul du PIB.

Entre l'OCDE qui chiffre pour la France à 6,7 % du PIB l'économie grise en 2013 avec, en gros, moitié production souterraine et moitié entreprises non déclarées, l'Insee qui donne un chiffre de 3,4 % intégré au PIB et une étude de France Stratégie qui évalue l'activité non déclarée dans notre pays à 12,6 points de PIB... On ne sait plus où donner de la tête.

Autant le chiffre de 12,6 % du PIB publié en 2019 peut paraître surévalué, autant l'estimation de l'Insee parait faible, voire bancale.

Quand on se penche sur la source des 3,4 %, on ne peut manquer d'être surpris, car le chiffre de 68 milliards d'euros d'activités dissimulées (ou inobservées dans le jargon de l'Insee) estimé pour 2005 est repris ensuite en 2010 et se situe toujours à 68 milliards[1]. Le

1. Rapport du CNIS (Conseil national de l'information statistique) de 2017, p. 268.

nombre de milliards dans l'économie grise serait donc resté totalement identique entre 2005 et 2010 ?

Pourtant, par exemple, pour le trafic de stupéfiants, l'Insee nous dit que le montant identifié en 2020 est de 4 milliards et était de 500 millions en 2005. Si l'on extrapole ces chiffres du trafic de stupéfiants sur l'ensemble de l'économie non déclarée, on arrive non plus à 68 milliards mais à 269 milliards d'euros, soit environ 11 % du PIB.

Une proportion qui n'affole pas une source ministérielle consultée : le confinement dans les DOM aurait agi comme un révélateur, l'économie grise y représenterait près de 30 % du PIB, soit environ 13,2 milliards d'euros rien que pour les DOM.

Près de 2,5 millions de personnes seraient concernées par le travail non déclaré pour un manque à gagner en matière de cotisations sociales estimé entre 4,4 et 5,7 milliards d'euros en 2016 selon l'Acoss, la caisse nationale des Urssaf. Un chiffre qui est aujourd'hui réévalué à la hausse par l'Observatoire du travail dissimulé, de 6,4 à 8,1 milliards d'euros en 2020. Une partie d'entre eux, selon la CGT, serait sans-papiers. Des grèves de demande de régularisation des sans-papiers qui travaillent illégalement ont eu lieu en octobre 2021. En décembre 2020, dans Paris, plus d'un millier de personnes avaient manifesté expliquant à l'Agence France Presse : « On est là pour tous les sans-papiers de France. Pendant le Covid, c'est nous qui faisions tout le travail, qui avons nettoyé les hôpitaux, pendant que ceux qui ont le chômage partiel sont bien au chaud à la maison. Le gouvernement nous a oubliés ».

Évidemment, tous les travailleurs non déclarés ne sont pas des sans-papiers, mais tout n'est pas fait pour encourager à déclarer ; au fil des ans, les gouvernements rognent à bas bruit les incitations. Par exemple, depuis 2019, les indemnités de licenciement ou de rupture conventionnelle pour un emploi à domicile ne donnent plus droit à déduction fiscale (Pourquoi ? On ne sait pas). Autre exemple : on ne peut pas embaucher en CDD un emploi à domicile si ce n'est pour remplacer une personne en maternité ou en maladie, et ainsi de suite…

En 2008, 13 % des Français reconnaissaient avoir déjà travaillé à domicile sans être déclarés. En 2018, ils sont 35 %. En 2008, 3 % reconnaissaient ne pas avoir déclaré un emploi à la maison de garde d'enfants. Ils sont 31 % en 2018…[1]

Une enquête européenne sur le travail non déclaré de 2013 montre que 9 % des Français reconnaissent avoir consommé un bien ou un service ayant impliqué le recours à du travail non déclaré au cours des douze mois précédents. La dépense médiane est d'environ 200 euros sur les douze derniers mois.

Pour essayer d'objectiver l'ampleur de l'économie grise dans notre pays, il est utile de reprendre la méthode de la Commission européenne avec son sondage de 2013. On a donc refait un sondage Fondation iFRAP – OpinionWay[2] : fraudez-vous, braves gens ?

Et la réponse est hallucinante. En 2021, 24 % des sondés admettent connaître dans leur entourage quelqu'un qui travaille de manière dissimulée ; 13 % des Français déclarent avoir rémunéré un travailleur dissimulé pour au moins une activité en 2021 ; à 54 % ils expliquent que c'est pour avoir un prix plus bas et à 31 % pour éviter des impôts ; 9 % déclarent avoir

1. Baromètre Oui Care sur le travail dissimulé.

2. Évaluation de l'économie informelle en France, 3 novembre 2021, Fondation iFRAP.

utilisé des moyens détournés pour ne pas payer la TVA en 2021 avec un montant moyen de 368 euros, soit beaucoup plus donc que les 200 euros de 2013.

Quant au FMI, il a publié une étude en 2018 qui évalue l'économie grise de la France entre 8,3 % et 12,8 % du PIB quand les Allemands seraient entre 6,8 % et 10,4 % de leur PIB et les Suisses entre 3,9 % et 6 %... Il est certain qu'il est plus intéressant de frauder quand les impôts sont hauts et que les aides sociales et les indemnités chômage sont tout aussi hautes...

Avec notre système de protection sociale élevée, nous courons le risque de désinciter au travail déclaré.

21

8,1 % de chômeurs ou plus de 13 % ?

Selon l'Insee, 2021 se clôture à 8,1 % de chômage. Un chiffre bien supérieur à la moyenne européenne qui est de 7,3 %. La France s'en sort clairement moins bien que le Danemark (5,8 % en juin), que les Pays-Bas (4,3 %) ou encore que l'Allemagne (4,2 %).

Alors certes, ce taux de 8,1 % pour le 3e trimestre n'est, il est vrai, qu'une première estimation, reposant sur les créations nettes d'emploi. Mais s'agit-il d'un « vrai » chiffre ? Comment se fait-il qu'il subsiste un tel écart, de 1,5 million de demandeurs d'emploi, entre les catégories A (demandeurs d'emploi sans emploi) de Pôle emploi et le chiffre de l'Insee : 3,5 millions[1] versus 2,25 millions de chômeurs annoncés par le gouvernement ?

Qu'il est difficile de se faire une idée sur le nombre réel de demandeurs d'emploi en France ! Peut-être faut-il simplement retourner aux bases : combien de personnes sont indemnisées ? À la fois par l'assurance chômage et par l'État, c'est 3,3 millions au premier trimestre 2021… Certains ne sont pas tenus de chercher un emploi, car ils sont en formation, mais cela

1. Demandeurs d'emploi inscrits à Pôle emploi au 3e trimestre 2021, Dares, octobre 2021.

donne tout de même une indication non négligeable : on est loin des 2,25 millions qui font les 8,1 % affichés fièrement par le gouvernement…

Pour évaluer le nombre de chômeurs, l'Insee ne s'appuie pas sur les données de Pôle emploi mais réalise une enquête auprès de 110 000 personnes. Seuls sont comptabilisés parmi les chômeurs, ceux qui répondent « oui » à la question suivante : « Avez-vous effectué une démarche active de recherche d'emploi au cours des quatre dernières semaines et êtes-vous disponible pour travailler dans les deux prochaines semaines ? » Cette définition du chômage au sens du Bureau international du travail (BIT) est la même partout dans le monde.

Par définition donc, ceux qui sont en chômage partiel de longue durée, ceux qui sont en formation, ceux qui sont en emplois aidés, tous ceux qui sont, pour une raison ou pour une autre, non disponibles pour travailler dans les deux semaines ne seront pas comptés et basculent dans ce que l'on nomme le « halo du chômage ».

En France, ce fameux halo du chômage est, selon les derniers chiffres de l'Insee, de 2 millions de personnes en âge de travailler, souhaitant travailler, mais ne sont pas comptées comme chômeurs pour autant. Ce chiffre a bondi avec la crise, la France ayant traditionnellement plutôt un halo du chômage autour de 1,5 million de personnes.

Si l'on additionne le chômage et le halo du chômage en France, on est à 13,5 %. En Allemagne on est à 7,2 % et aux Pays-Bas à 9 %. Si on ajoute le sous-emploi, on est toujours à 17,9 % en France, à 9,6 % en Allemagne et à 12,4 % aux Pays-Bas.

Effectivement, si l'on fait le compte entre les demandeurs d'emplois, les inactifs qui ne cherchent plus d'emploi et les personnes qui travaillent mais souhaiteraient travailler plus (sous-emploi), on englobe près de 6 millions de personnes (on triple donc le nombre de demandeurs d'emplois officiels).

Pourquoi lancer encore un grand plan de formation pour un million de personnes si ce n'est pour permettre de dégonfler la catégorie A avant avril 2022 (comme l'ont fait d'ailleurs avant ce gouvernement les gouvernements Sarkozy et Hollande) ?

Le problème du chômage ne relève pas uniquement d'un désajustement de l'offre d'emploi et de la demande. Il existe, par ailleurs, des facteurs structurels bien connus comme la complexité de la réglementation du travail, la fluctuation de la jurisprudence qui en découle, l'inadaptation des formations proposées face aux qualifications demandées, etc. Mais aussi des facteurs moins connus comme l'impact des flux migratoires non qualifiés sur la population active et la population au travail.

Le taux de chômage en France des immigrés est de 12,6 % selon l'OCDE à 13,6 % selon l'Insee contre 7,4 % pour les natifs de France. Leurs domaines d'activité sont variés mais plus souvent sous qualifiés selon les données Insee.

Un résident en France qui fait partie des 20 % de la population la plus pauvre a un solde annuel entre les prestations et les contributions de - 7 550 euros environ, le solde d'un immigrant est de - 8 850 euros environ, il est de - 9 368 euros pour un immigrant né en Afrique. Une participation au financement du modèle social qui est « plombée » par une mauvaise intégration sur le marché du travail, avec seulement 56 % des immigrés en emploi en France, un taux inférieur à celui du reste de la population qui est de 65,8 %.

L'OCDE a publié un rapport sur le sujet de l'immigration le 28 octobre 2021. Hors dépenses de charge de la dette, l'apport en PIB des immigrés est positif en Allemagne, en Espagne, en Italie, en Grèce, au Danemark, au Royaume-Uni, mais négatif en France avec - 0,53 % du PIB. Toujours selon le rapport immigration de l'OCDE, le taux d'emploi des immigrés non qualifiés (51,4 %) est bien inférieur au taux d'emploi des immigrés qualifiés (73,4 %). Selon l'Insee, 38 % des immigrés demeurant en France en 2020 ont un niveau école primaire, un niveau brevet ou même aucun diplôme. Cela plaide clairement pour une immigration choisie et qualifiée qui permettrait de faire baisser le taux de chômage.

Et ce d'autant plus que 44 % des entreprises (dans l'agroalimentaire, dans le bâtiment, dans la restauration...) cherchent de la main-d'œuvre et n'en trouvent pas. Tout cela alors que nous avons en France de moins en moins d'actifs qui travaillent pour de plus de plus de retraités au compteur...

22

1,7 actif pour financer un retraité

« Il y avait 4 actifs pour financer un retraité en 1950. Il n'y en a plus que 1,7 aujourd'hui », assurait Édouard Philippe lors de sa présentation de la réforme des retraites le vendredi 11 décembre 2020. En 2018, la France comptait 17,2 millions de retraités. Ce chiffre tend à grossir, sans que le nombre d'actifs puisse suivre le rythme, ce qui crée une incertitude sur le financement des retraites futures.

Selon le Conseil d'orientation des retraites (COR), il y aura, en suivant les dernières projections, 1,61 actif pour un senior d'ici 2030, et 1,35 d'ici 2060. En conservant la date de départ en retraite prévu à 62 ans, il devrait manquer donc 10 milliards d'euros par an pour financer le système des retraites en 2040. En 2060, ce sont 15 milliards qui pourraient faire défaut alors qu'en juillet 2016, les experts du COR envisageaient la possibilité d'un retour à l'équilibre financier à horizon… 2020 !

Si on prend le nombre de cotisants *versus* le nombre de retraités, les données diffèrent. En 1960, il y avait quatre actifs pour un retraité ; 3,8 dans les années 1970 ; 2,68 en 1980 ; 1,88 en 1990…

Pour le seul régime général, on obtient un ratio de 1,31 actif pour un retraité. D'où les charges sociales de fou qui pèsent sur les travailleurs français[1] !

En réalité, cela fait des décennies que le ratio démographique du régime général, de loin le plus important régime français de retraite (83,4 % des retraités), se dégrade d'année en année.

Rares sont les pays à conserver un ratio actifs/retraités correct comme l'Australie, l'Irlande et les États-Unis. En moyenne, ces trois pays auront un ratio de 3,7 actifs potentiels pour un retraité en 2020. Cela fait rêver.

Les causes du phénomène sont connues : l'augmentation de l'espérance de vie combinée à une envolée du chômage qui se traduisent par de plus en plus de personnes à la retraite et de moins en moins en activité. Un « effet ciseau » dévastateur.

Par ailleurs, les Français sont les champions de l'ensemble de l'Union européenne et de l'OCDE en ce qui concerne l'espérance de vie à la sortie du marché du travail : 26,9 années pour les femmes et 22,7 ans pour les hommes, notamment parce que nous partons beaucoup plus tôt à la retraite que dans les pays comparables.

Donc même si le ratio actifs/retraités de la France calculé par l'OCDE est dans la moyenne des 28 pays de l'Union européenne, en réalité, à cause du chômage endémique que nous avons à déplorer en France, nous avons une situation de financement des retraites beaucoup plus précaire, et qui va se dégrader dans les années qui viennent. Sauf à prendre les bonnes

1. Attention : les statistiques de l'Insee sont différentes mais intègrent l'ensemble des régimes. Le ratio s'en trouve mécaniquement remonté, ce qui masque les chiffres extrêmement préoccupants du régime général.

décisions : report de l'âge à 65 ans puis 67 ans, ce qui remonterait immédiatement le nombre d'actifs pour un retraité.

Car la réalité, c'est que seulement 35 % des 60-64 ans travaillent aujourd'hui dans notre pays.

23

Seuls 35 % des 60-64 ans travaillent contre plus de 40 % en Europe

Seulement 35 % des 60-64 ans travaillent dans notre pays[1]. La France se caractérise par un taux d'emploi des 60-64 ans faible. Il est de 42 % en moyenne dans l'Union européenne. En 2019, le taux d'emploi moyen des 55-59 ans était de 77 % et de 7,8 % chez les 65-69 ans. C'est en dessous de la moyenne de l'OCDE.

Avec le recul de l'âge légal mis en place en 2010, le taux d'activité des seniors s'est redressé : le taux d'activité des 55-64 ans a progressé de 15 points entre 1995 et 2016.

Néanmoins, la barre des 60 ans reste un seuil important en France avec un taux d'emploi moitié moins élevé pour les 60-64 ans comparé aux 55-59 ans, une différence que l'on ne retrouve pas dans la majeure partie des pays de l'UE.

Avec la réforme des retraites de 2010 qui a repoussé l'âge légal de 60 à 62 ans, on a donc redécouvert l'« effet horizon », à savoir que la législation des retraites influence la situation des seniors sur le marché

---

1. Insee, *Emploi, chômage, revenus du travail,* 2020, page 119.

de l'emploi. Pour les entreprises, cela les a conduites à reconsidérer leurs salariés seniors qu'elles conservent plus longtemps.

Partout en Europe, l'âge de départ à la retraite est autour de 65 ans : 67 ans en Italie, 66 ans en Irlande, 66 ans en Belgique à partir de 2025, 65 ans en Allemagne… La France figure avec la Grèce, la Norvège et la Suède, parmi les rares pays qui affichent encore un âge légal de la retraite inférieur à 65 ans. Néanmoins, les statistiques indiquent que les Suédois et les Norvégiens sortent du marché du travail bien au-dessus de la moyenne de l'OCDE (65 ans), un effet du mode de calcul des retraites avec un coefficient qui tient compte de l'espérance de vie dans ces deux pays. Et si, en France, l'âge légal de la retraite est de 62 ans, il faut bien se rappeler que de nombreux régimes dérogatoires existent : catégories actives, pénibilité, carrières longues, qui permettent de partir avant cette borne d'âge. C'est ce qui fait que notre âge moyen de départ à la retraite est en réalité de 60,8 ans[1]. Alors que cet âge moyen est de plus de 66 ans en Suède ou en Suisse, de 65 ans au Danemark ou aux Pays-Bas et même de presque 68 ans aux États-Unis.

Pourtant, notre pays n'est pas prédestiné à travailler moins longtemps : en 1975, nous partions à la retraite en moyenne à plus de 65 ans, et même à plus de 67 ans en 1970 !

Depuis 1983 et la retraite à 60 ans au lieu de 65, nous ramons pour faire remonter l'âge de départ. Pendant ce temps-là, en Allemagne, le débat porte sur le report de l'âge de départ à la retraite à 68 ans pour éviter la baisse des pensions.

1. Voir les chiffres de l'OCDE sur les âges moyens de départs à la retraite depuis 1970.

La France reste hors-sol. Aidée par nombre de bonimenteurs qui font croire que le travail n'est pas la clé de la création de richesse.

Les leviers pour faire face au problème de financement des retraites sont pourtant connus : report de l'âge de la retraite, suppression des cotisations payées par les retraités qui travaillent sans leur donner de droits à pension, incitation des employeurs à conserver en emploi leurs seniors (contre des baisses de salaires, ou du mentorat, etc. – c'est ça un *slow business act*). Pour l'heure, trop d'inactifs sont financés par trop peu d'actifs et c'est très problématique.

24

25 jours d'absence en moyenne par an dans le public, 18,7 dans le privé

Avec en moyenne 18,7 jours d'absence, l'absentéisme des salariés du privé a atteint son plus haut niveau en 2019 selon le 12e baromètre réalisé par le cabinet Ayming. La France se situe dans la fourchette haute en Europe : le Royaume-Uni avec 5,3 jours, l'Espagne avec 10,7 jours ou l'Allemagne avec 15,5 jours, sont bien loin derrière la France.

L'Italie serait le seul pays d'Europe à arriver devant la France en termes de jours d'absence par salarié du privé, avec 19 jours en moyenne. Mais ce chiffre est moins élevé en Italie dans le secteur public (17,9 jours d'absence pour cause médicale, en moyenne).

Dans le secteur public, en revanche, la France est bien championne d'Europe de l'absentéisme, il ne peut pas en être autrement, car le nombre de jours d'absence pour les salariés du public atteint… 25 jours par agent et par an. Et encore, c'est une moyenne, car cela peut aller jusqu'à 35 jours par an dans certaines communes, plus de 40 jours pour les agents de lycées dans certaines régions selon les bilans sociaux… ou plus de 60 jours par an dans certaines caisses primaires d'assurance maladie !

Mais, dans le public, il n'y a pas que l'absentéisme maladie qui dérape, il y a aussi le fait que les agents sont payés 35 heures par semaine sans pour autant les effectuer. Plus de la moitié des collectivités locales sont encore dans ce cas-là. Une loi de 2019 remet les choses au carré, mais beaucoup de collectivités freinent des quatre fers.

En effet, depuis la nouvelle loi du 6 août 2019, après chaque élection, les exécutifs locaux ont un an pour négocier avec les partenaires sociaux une nouvelle délibération sur le temps de travail de leurs agents. Au plus tard, l'accord doit être effectif pour les communes le 1er janvier 2022 et pour les départements et les régions le 1er janvier 2023.

L'enjeu est de taille. Si tous les agents territoriaux effectuaient réellement les 35 heures – soit 1 607 heures par an –, cela équivaudrait à une fourchette de 30 000 à 50 000 agents à temps plein par an. Aujourd'hui, le temps de travail moyen dans les collectivités est de 1 553,7 heures annuelles.

En réalité, les 35 heures n'ont jamais été réellement appliquées dans les collectivités. Les exécutifs avaient une dérogation pour conserver les régimes de temps de travail inférieurs dont ils bénéficiaient depuis 1984[1]. Ainsi, les agents publics locaux cumulent-ils près de 40 motifs de congé dérogatoires dont les jours du maire, des jours de congé pour déménagement ou encore des jours pour « rentrée scolaire ».

Selon l'Association nationale des DRH des territoires, fin 2019, 43 % des collectivités respectaient

1. Loi n° 84-53 du 26 janvier 1984.

déjà les 1 607 heures. Ainsi, à Marseille où la question du sous-travail (jusqu'à 900 heures annuelles dans certains services) a été pointée du doigt à de nombreuses reprises par la Chambre régionale des comptes (une enquête judiciaire sur le sujet est actuellement en cours), le temps de travail des agents a déjà été relevé à 1 607 heures. Même chose à Lyon : après avoir été épinglée par la Chambre régionale des comptes pour un temps de travail moyen de 1 571 heures, la ville a adopté une délibération fixant la durée annuelle légale de travail à 1 607 heures depuis décembre 2015. Beaucoup de petites et moyennes communes sont déjà passées aux 1 607 heures : Gières, Millau, Neuilly-Plaisance, Nort-sur-Erdre, Landser et Couëron, Châtellerault, Orléans...

Les syndicats des agents poussent à contourner la règle légale, demandant des « sujétions » pour pénibilité. La CGT demande même l'abrogation pure et simple du texte. Alors certaines communes procrastinent. À Paris (les agents de la ville comptent 33 jours de congés et 22 jours de RTT) où les mouvements de grève se multiplient, huit jours de congés seraient en jeu. La mairie souhaite offrir 3 jours de RTT en vertu de « l'intensité et l'environnement de travail particulier spécifique à la ville-capitale ». Mais la justice administrative a rejeté cette disposition offrant 3 jours de RTT supplémentaires aux agents de la capitale. À Toulouse, également, une dizaine de jours de congé sont sur la balance. Et à Rennes, où 3,5 jours de congé sont en sursis, les syndicats demandent une prime compensatoire de 300 à 350 euros pour les agents. Dans plusieurs métropoles, les éboueurs font grève régulièrement contre l'application des 35 heures.

Nantes a signé un accord qui semble vouloir ménager la chèvre et le chou : un temps de travail à 1 607 heures avec deux « jours de fractionnement » qui peut faire tomber le temps de travail effectif de certains agents à 1 547 heures annuelles. Certaines villes, dans le Val-de-Marne, par exemple Bonneuil-sur-Marne, ont quant à elles décrété qu'elles ne chercheraient pas à appliquer les 1 607 heures et annoncent aller jusqu'au tribunal administratif. La préfecture d'Île-de-France vient d'ailleurs d'attaquer la Ville de Paris au tribunal administratif. D'autres font clairement du chantage à l'absentéisme en disant que si les agents travaillent plus, ils seront malheureux et plus absents...

Il est vrai qu'il semble paradoxal de reparler de temps de travail alors que des millions d'agents ont été pendant des mois en autorisation spéciale d'absence avec un statut beaucoup plus favorable que le chômage partiel, car payés tous à 100 % à rester chez eux pour un coût que l'on peut estimer aussi lourd que celui de l'absentéisme.

En effet, à Marseille, avec la crise sanitaire en 2020, le nombre de jours d'absence en moyenne par agent a bondi selon le rapport social unique de la ville. Le nombre moyen de jours d'absence des agents de la ville était de 40 jours en 2017, il est passé à presque 70 jours en moyenne par agent en 2020 dont 23 sont des jours d'autorisation spéciale d'absence. Cette donnée, pour avoir une information au niveau de la France, sera à affiner quand la totalité des rapports sociaux des collectivités sera disponible. Il se pourrait que le coût des autorisations spéciales d'absence avoisine les deux milliards d'euros pour 2020. Dans un rapport récent, la Cour des comptes a regretté qu'aucune information ne circule sur le coût des journées de travail non effectuées par les agents publics.

Pendant ce temps-là, nos syndicats sont vent debout contre l'application des 35 heures dans les administrations publiques et continuent de conspuer les réformes des retraites, protégeant au maximum leurs ouailles que sont avant tout les agents publics.

25

Deux fois plus de syndiqués dans le public que dans le privé

Le taux de syndicalisation en France, secteurs privé et public confondus, était de 11 % en 2016, en léger retrait par rapport aux 11,2 % de 2013, dernier chiffre publié, selon les statistiques du ministère du Travail. Le taux a chuté de 30 % depuis les années 1950 pour se situer autour de 11 % (données 2016, nouvelle série depuis 1996). Il y a une forte disparité public-privé, avec un taux de 19,1 % dans la fonction publique (19,8 % en 2013) et de 8,4 % (8,7 % en 2013) dans le privé.

La France est le pays riche où ce taux est le plus faible. Dans les pays du Nord de l'Europe, le taux de syndicalisation dépasse les 50 % et dans l'ensemble des pays de l'Union européenne, le taux moyen de syndicalisation des salariés est de 23 %.

Un salarié sur dix seulement adhère à un syndicat en France.

Selon le ministère du Travail, 3 % des salariés en CDD et 1 % de ceux en intérim sont syndiqués ; 3,3 % chez les moins de 30 ans adhèrent à un syndicat contre 15 % des 50 ans ou plus.

S'agissant du secteur privé, les syndicats sont biberonnés au paritarisme et aux cadeaux que leur font État et employeurs sous des formes variées. Ce financement institutionnel éloigne les syndicats des salariés qu'ils sont censés représenter, car ils ne dépendent pas de leurs cotisations.

Le plus faible taux de syndicalisation des pays riches se conjugue avec une présence syndicale dans les entreprises supérieure à la moyenne (56 % en 2005, soit le 10e rang européen), ainsi qu'un taux de couverture conventionnelle maximal (seuls 2,3 % des salariés ne seraient pas couverts par un texte conventionnel ou statutaire, contre 41 % en Allemagne ou 67 % en Grande-Bretagne). Nos syndicats ont une assise réelle faible qui contraste donc avec un pouvoir important.

Ajoutons un nombre considérable de mandats de représentants du personnel (645 000 pour les seuls mandataires syndiqués) et d'heures de délégation qui leur sont accordés, en vertu de la loi, mais aussi de façon extralégale, particulièrement dans les entreprises publiques (à la SNCF, pour la seule année 2011, ces heures ont été au nombre de près d'1,2 million).

Le financement par le « chèque syndical » annoncé dans les ordonnances travail ayant rapidement disparu en 2017, les ressources propres des syndicats ne représentent que 20 % à 30 % de leurs budgets. Une évaluation précise de la situation s'impose donc. Une loi de 2008 a certes institué l'obligation de faire certifier et déposer les comptes des syndicats, mais pas celle de consolider tous les comptes des organismes syndicaux. Or, pour s'en tenir à cet exemple, 25 000 à 30 000 entités composent la CGT. Et seules les plus grandes d'entre elles publient leurs comptes.

Nos syndicats sont donc peu transparents, peu représentatifs, très financés par nos deniers publics, mais aussi moins enclins à la négociation et beaucoup plus au blocage que dans les pays plus syndiqués.

Les statistiques de jours de grève le montrent.

Les derniers chiffres de la Dares sont édifiants : en 2018, le nombre de JINT (journées individuelles non travaillées) pour faits de grève explose et s'établit à 107/1000 salariés, soit une croissance de 51 % par rapport à 2017. Un mouvement qui s'amplifie en 2019 avec la mobilisation contre la réforme des retraites : le nombre de journées non travaillées pour 1 000 salariés atteint 161. C'est du côté du secteur des transports et de l'entreposage que l'on trouve le nombre de journées non travaillées pour 1 000 salariés le plus élevé : 1 038.

Pour la fonction publique d'État, la Direction générale de l'administration et de la fonction publique (DGAFP) a publié des statistiques faisant état en 2018 d'un nombre de journées perdues pour fait de grève de 648 002, tous organismes confondus, et de 1 739 897 en 2019, soit une augmentation de près de 168,5 %[1].

La dernière étude en 2015 de l'institut allemand WSI conforte ces chiffres en comptant 132 jours de grève pour 1 000 employés en France. Ainsi, on peut estimer qu'en moyenne, on compte entre 3 et 4 millions de jours de grève en France.

Souvent décevants à Noël (13 appels à la grève en 18 ans à la SNCF en décembre), nos syndicats ont été aussi très décevants pendant la pandémie : appelant à fermer les sites industriels reconnus comme essentiels par les préfets, poussant les agents à refuser le télétravail dans les administrations, appelant à la grève dans les services publics pour le mois d'avril 2020...

1. DGAFP, *Rapport sur l'état de la fonction publique 2020*, p. 629.

Des dérives qui ne sont pas survenues dans les pays du Nord de l'Europe dans lesquels les syndicats représentent les salariés et pas le secteur public avant tout.

Nos syndicats, tout non représentatifs qu'ils sont, tout financés par l'État qu'ils sont, bloquent plus que partout en Europe les réformes. Est-ce un passeport pour plus de richesse ou plus de pauvreté collective ?

Partie VI

Pauvreté

26

Deux fois moins de milliardaires qu'en Allemagne

Et si, pour avoir moins de pauvres en France, il fallait avoir plus de riches, et non l'inverse ? Selon les estimations, le nombre de milliardaires français se situerait entre 28[1] et 50[2] contre un nombre de milliardaires allemands entre 66 et 129[3]. Il manquerait donc en France une bonne vingtaine de milliardaires.

Dans les dix premiers actionnaires du CAC 40, on trouve bien quatre familles de milliardaires (Arnault, Bettencourt, Hermès, Pinault), l'État mais aussi quatre fonds étrangers (BlackRock, Vanguard, Fond souverain de Norvège, Capital Group), et un seul investisseur institutionnel européen (Amundi). À force de taper sur nos milliardaires et de refuser les fonds de pension, nous incitons les fonds étrangers à acheter nos plus belles entreprises.

Le nombre de millionnaires possédant plus de 500 millions est aussi beaucoup plus faible en France qu'en Allemagne, 89 contre 227. Au niveau des fortunes

1. L'étude Crédit Suisse utilisant les chiffres Forbes au 1er avril 2019.
2. Classement effectué par le *Knight Frank Wealth Report 2020*, p. 54.
3. Forbes 2020 et édition 2020 du *Knight Frank Wealth Report*, p. 54.

entre 100 et 500 millions d'euros, l'écart est sensiblement identique avec 2 217 en Allemagne contre 1 118 en France...

Même si, globalement, la France a sensiblement le même nombre de millionnaires à plus d'un million d'euros avec plus de deux millions de personnes identifiées, les millionnaires allemands disposent d'une fortune globale de 6 561 milliards de dollars, quand les millionnaires français ne possèdent « que » 5 330 milliards de dollars d'actifs nets (soit un écart de 1 231 milliards d'euros). Les millionnaires britanniques, eux, sont à touche-touche avec les Allemands avec 6 422 milliards d'actifs.

Pour la France, la part de l'immobilier pour des fortunes supérieures à 1,9 million d'euros (1 % les plus riches), représenterait 28 % de leur patrimoine, quand les actifs professionnels n'en constituent que 11 % et les actifs financiers 58 %[1].

L'institut DIW[2] montre que pas moins de 1,7 million d'individus vivant en Allemagne disposaient de parts significatives dans des entreprises allemandes ou étrangères (Orbis Database, BvD). Si maintenant on s'intéresse aux millionnaires en euros identifiés (1,5 million), ces derniers en Allemagne répartissent leurs actifs entre immobilier (43,7 % en brut, 40,6 % en net), actifs financiers (10,7 % bruts), mais surtout 40,2 % d'actifs professionnels.

Selon une étude du Boston Consulting Group[3], les millionnaires à plus de 100 millions ont 1 400 milliards

1. Observatoire des inégalités, *Rapport sur les riches en France*, 1re édition, p. 71 et 83.

2. DIW, *Weekly Report*, 313, *Millionaires under the Microscope : Data Gap on top Wealth Holders Closed ; Wealth Concentratoin Higher than Presumed*, Berlin, Vol.10, 23 juillet 2020.

3. BCG, *Global Wealth 2021*, juin 2021, p.14.

d'euros d'investissements capitalistiques en Allemagne, contre 700 milliards en France.

Le nombre de millionnaires allemands possédant entre 100 millions et 1 milliard est lié à l'existence de grosses PME allemandes très exportatrices, alors que la France a beaucoup de petits millionnaires de l'immobilier qui « bénéficient » du prix de la pierre (prix moyen du mètre carré à Berlin : 3 000 euros, à Paris : 10 000 euros...).

Deux fois moins d'investissements capitalistiques et deux fois moins de grosses PME exportatrices...

La comparaison est douloureuse puisque cela se traduit par 5 800 ETI (entreprises de taille intermédiaire entre 250 salariés et 5 000 salariés) en France, contre 12 500 en Allemagne, 10 500 au Royaume-Uni, et 8 000 en Italie du Nord. Vu ainsi, on comprend que les ultra-riches allemands, britanniques et italiens sont avant tout des créateurs d'emplois.

Face à ces données, difficile de continuer d'affirmer que la France compte trop de riches et trop de pauvres. En fait, on n'a pas assez de riches entrepreneurs et trop de pauvres.

Se focaliser avec acharnement à regarder toujours le 0,1 % (38 000 foyers), voire le 0,01 % (3 800 foyers) à la loupe pour les trouver trop riches est destructeur.

Le débat public doit gagner en lucidité. Nous avons besoin d'investisseurs dans les entreprises, d'emplois et de dividendes, c'est comme cela que l'on combat la pauvreté avec plus de riches et moins de pauvres. Couper la tête des riches ne fait pas baisser le nombre de pauvres. Au contraire. C'est d'ailleurs bien ce que l'on voit sur la pauvreté en France.

27

7,1 % de travailleurs pauvres en France contre 3,7 % en Allemagne

Moins de chômage mais plus de travailleurs pauvres, voilà ce qu'on dit souvent de l'Allemagne pour se rassurer. « Tu ne te rends pas compte du nombre de travailleurs pauvres en Allemagne » est une phrase cent fois entendue quand on ose dire que les Allemands ont deux fois moins de chômeurs que nous. Et si la réalité était que nous avons en France 50 % de chômage de plus qu'en Allemagne ET plus de travailleurs pauvres ?

Le chiffre a suscité de vives réactions sur les réseaux sociaux – en particulier en France. En 2015, la part des travailleurs pauvres (vivant sous le seuil de pauvreté, à 50 % du revenu médian, soit 885 euros par mois pour une personne seule) était de 3,7 % en Allemagne, soit deux fois moindre que celle de l'Hexagone, à 7,1 %, selon les chiffres publiés par l'OCDE. Voilà ce qui, à première vue, battait en brèche l'idée selon laquelle l'Allemagne est la championne des travailleurs pauvres, en dépit de sa puissance économique et de son faible taux de chômage.

Pourtant, si l'on se fie à Eurostat, 9,5 % des travailleurs allemands étaient considérés comme pauvres en 2016, contre 7,9 % pour les Français[1].

Mais alors, qui dit vrai ?

Si l'on schématise, Eurostat regarde la part des travailleurs pauvres pris individuellement par rapport à l'ensemble des personnes en activité, tandis que l'OCDE mesure le pourcentage des personnes membres d'un ménage vivant sous le seuil de pauvreté, et où au moins l'un des adultes travaille. Ici, la composition du foyer entre donc en compte, avec le nombre d'adultes en emploi, et une pondération selon le nombre d'enfants.

Les chiffres cessent donc de paraître incohérents : le taux de chômage est plus bas chez nos voisins (5,5 % en mars, contre 8,1 % chez nous), tandis que leur taux d'emploi, c'est-à-dire la proportion de personnes disposant d'un emploi parmi celles en âge de travailler, est à 75,9 %, soit très largement au-dessus du nos 67 %.[2] Il y a donc beaucoup plus de ménages allemands où les deux adultes travaillent, ce qui explique que les chiffres de l'OCDE soient plus bas.

L'Allemagne a fait le choix d'inclure un maximum de personnes dans l'emploi, quitte à ce que certains métiers soient plus précaires. En 2017, la proportion des temps partiels y était de 29,6 %, contre 18,1 % chez nous, selon Eurostat. Et elle est particulièrement élevée chez les femmes (46,4 %, contre 29,6 % en France). Pour résumer, les jobs tricolores sont moins précaires, mais davantage de personnes sont exclues du marché du travail ; en Allemagne, les temps partiels sont moins

---

1. OCDE, *Social Policy for Shared Prosperity, Embracing the future*, 8 mai 2018, p. 5.
2. OCDE, Taux d'emploi T3 2021, population d'âge actif.

subis et généralement choisis (24 % de temps partiels subis en 2018[1]).

En France, 7 % des personnes actives en emploi perçoivent des revenus inférieurs à 817 euros par mois. Selon la définition française retenue par l'Insee, cette nouvelle catégorie de travailleurs pauvres regroupe 1,74 million de personnes actives.

Plus du tiers des travailleurs pauvres perçoit un revenu individuel supérieur au Smic, qui excède de 16 % le seuil de pauvreté. Ces travailleurs ne sont donc pas pauvres en raison de la précarité de leur emploi, mais parce que la répartition du revenu disponible au sein du ménage qu'ils font vivre aboutit à la pauvreté de chacun des membres qui le composent.

Le modèle allemand est donc bien plus protecteur, car il permet aux foyers allemands d'avoir plus de travail, plus de ressources et moins de pauvreté... Alors que le modèle français, hyperdépendant, dépensier en aides sociales et hypertaxé, crée plus de pauvres en créant moins de jobs et moins de richesse à partager. C'est aussi malheureusement le modèle français qui crée plus d'illettrés en laissant de plus en plus de jeunes sortir du système sans diplôme, ni formation.

1. Selon Eurostat.

28

Un jeune sur vingt illettré et 100 000 jeunes sans diplôme ni formation

La France se place en bas de classement Pisa (Programme international pour le suivi des acquis des élèves) avec comme résultats une 23e place sur 82 en lecture, une 25e place sur 82 en mathématiques et en sciences. En réalité, il y a du meilleur et du pire dans notre système d'éducation, mais nous détournons les yeux.

Loin des dorures des ministères et des bancs illustres de l'ENA ou de Normale Sup, il faut savoir qu'un jeune sur vingt sort illettré du système éducatif français. C'est une étude inquiétante qui a été publiée par le ministère de l'Éducation. À partir des tests conduits sur 713 000 participants de moins de 18 ans pendant la Journée défense et citoyenneté (JDC) en 2018, le ministère affirme que plus d'un jeune Français sur dix est « en difficulté de lecture » et un sur vingt en situation d'illettrisme. Cela dit, les experts du Pisa savent pertinemment que 80 % de nos jeunes élèves de France sont tout à fait dans la moyenne haute européenne, et que ce sont 20 % des élèves qui ont notamment de graves difficultés en français qui font durement chuter le classement de la France. Alors où se place le problème ?

Si l'on se penche sur les résultats scolaires des élèves, on constate qu'en termes de résultats bruts, les élèves du privé s'en sortent généralement mieux. Les évaluations nationales de 2019 sur les compétences des élèves démontrent ceci : les élèves du CM1 public (hors éducation prioritaire) maîtrisaient le français à 75,5 % contre 89,4 % dans le privé (et 54,9 % en REP et 51,2 % en REP+). Concernant les mathématiques, les élèves du CM1 public affichaient un taux de maîtrise satisfaisante de 73,1 % contre 85,9 % dans le privé (et 52,4 % en REP et 51,3 % en REP+). Des taux qui se confirmaient en 6e puisque si 72,1 % des élèves de 6e du privé maîtrisaient la compréhension et l'écrit en français, ils n'étaient que 61,5 % dans le public hors éducation prioritaire (contre 46 % en REP et 35,5 % en REP+).

Ceux qui rencontrent les difficultés les plus sévères et qui représentent 5,2 % de l'ensemble « peuvent être considérés en situation d'illettrisme » caractérisé notamment par « un déficit important de vocabulaire ». Les jeunes du niveau juste au-dessus (6,3 % de l'ensemble) ont, quant à eux, « un niveau lexical oral correct, mais ne parviennent pas à comprendre les textes écrits ». On trouve ensuite, selon les données de l'enquête, 10,9 % de jeunes « aux acquis limités ». La fréquence des difficultés de lecture est enfin plus prononcée dans les départements du Nord et certains départements d'Île-de-France (17,2 % de jeunes en difficulté de lecture dans l'Aisne, 15,4 % dans la Somme, 12,3 % en Seine-Saint-Denis).

Il faut rappeler que le décrochage scolaire est une réalité en France : nombreux sont ceux qui abandonnent prématurément les bancs de l'école, sans qualification, ni diplôme. En 2016, 140 000 jeunes Français sortaient de l'enseignement sans avoir obtenu ni un diplôme professionnel, ni le baccalauréat. Au final, c'est 620 000 jeunes de 18 à 24 ans sans diplôme du second cycle du secondaire qui restent durablement sans formation.

Tous les ans, ces décrocheurs et ces jeunes illettrés viennent remplir les rangs des « NEETs[1] », soit ces jeunes de 20 à 34 ans qui ne sont ni dans l'emploi, ni en formation, ni dans l'enseignement. En 2020, ils sont 10,7 % en France. Beaucoup plus qu'en Allemagne qui compte 7,9 % de « NEETs ».

Nous avons clairement un problème avec notre système éducatif. Et ce n'est pas une question de moyens, car en part de richesse nationale, nous dépensons pour les premier et second degrés un point de plus de richesse nationale que les Allemands. Par ailleurs, nous dépensons plus que ces mêmes voisins en salaires et cotisations retraite par professeur du public.

A-t-on le droit de savoir, dans notre démocratie, dans quels établissements sont scolarisés les 20 % d'élèves qui font baisser les scores Pisa de la France ? Si ce sont des établissements publics REP et REP+, comme on le comprend entre les lignes, a-t-on le droit de proposer d'autres modes de gestion ? La concurrence, la transparence sur les moyens alloués, l'indépendance des équipes pédagogiques ?

À force de vouloir l'égalité, à force de créer des structures publiques, des zones d'éducation prioritaire, des quartiers prioritaires de la ville, on renforce les fractures, on ghettoïse. C'est ce qui se passe dans les villes qui sont surpeuplées de HLM.

---

1. « *Neither in employment, nor in education or training* », jeunes sans emploi, ni en études, ni en formation.

29

Quatre fois plus de logements sociaux qu'en Allemagne, passeport pour créer des ghettos et plus de pauvreté

Le logement social à la française, ces trois lettres, H L M, ces barres qu'on reconnaît de loin, cette idée verticale de l'intégration. *La Haine*, *Bac Nord*, *Les Misérables*, *Entre les murs*, combien de films pour ressasser, pour comprendre en filigrane que le toujours plus de logements sociaux est une impasse ?

Le gouvernement s'est réveillé fin 2021 (il était temps à la fin du quinquennat) à mettre un maximum de logements sociaux par ville.

La France compte 17 % de logements sociaux, soit deux fois la moyenne européenne (8,6 %), nettement plus que l'Italie (5,3 %) ou l'Allemagne (4,6 %) et un peu moins que le Royaume-Uni et la Suède (18 %).

Entre 1985 et 2011, le parc social s'est accru de 53 %. Et sévit dans notre pays un empilement d'allocations, de crédits et autres réductions d'impôts, d'aides à la pierre, de prêts à taux zéro... qui pèsent un peu plus de 37 milliards d'euros en 2020, soit 1,6 % du PIB, contre 0,5 % en moyenne dans l'ensemble des pays de l'Union européenne. Malgré cela près de 1,7 million de Français sont aujourd'hui en attente d'un logement social ! Au lieu de faire partir des HLM les ménages qui dépassent les niveaux de revenus, ces derniers restent en moyenne 14 ans dans leur logement social, contre 9 ans en 1988.

La loi SRU présentée par le ministre communiste Jean-Claude Gayssot a été le principal outil d'expansion du logement social. Cette loi impose dans les communes de plus de 3 500 habitants (1 500 habitants en Île-de-France) de construire 25 % de logements sociaux avec de lourdes pénalités en cas de non-respect. Cette loi s'est traduite par une politique du chiffre qui a atteint son paroxysme avec l'arrivée au pouvoir de François Hollande annonçant sa volonté de créer 2,5 millions de logements sociaux, intermédiaires et étudiants, par un renforcement du taux de logements sociaux porté de 20 à 25 % et une augmentation des sanctions, entre autres mesures.

Très vite, cette politique du chiffre est apparue contre-productive : se donner des objectifs de construction homogènes sur tout le territoire n'a pas de sens quand la question du logement se cristallise sur certaines régions. Pour preuve, dans des zones à faibles besoins, faute de candidats, des organismes HLM proposent leurs logements sur le site Leboncoin ou dans des agences immobilières.

D'ailleurs, c'est le même François Hollande qui, à la fin de son quinquennat, a fait adopter une mesure d'assouplissement du taux de logements SRU là où le marché du logement était particulièrement déprimé et le taux de vacance important, par exemple à Saint-Étienne.

Dans le même temps, 90 communes franciliennes sur 1 300 concentrent 66 % du parc social. C'est la ville de Dugny, en Seine-Saint-Denis, qui affiche le taux de logements sociaux le plus élevé avec 69,2 %. Le pourcentage de logements SRU[1] atteint 59 % à Stains, 58 % à Trappes, 57 % à Bobigny, 56 % à Villetaneuse, 56 % à Creil, 56 % à Sarcelles, 54 % à Villiers-le-Bel... Une folie qui crée des ghettos, du communautarisme, de la pauvreté, de l'insécurité... Des zones où prolifèrent les trafics en tous genres. La carte des quartiers sensibles (ou prioritaires) de France est aussi : celle des zones dans lesquelles les HLM sont nombreux... En témoigne le nombre d'incivilités dans le parc de Paris Habitat : en 2017, 15 238 atteintes au patrimoine et 60 406 troubles de jouissance.

La politique du tout logement social a eu d'autres effets de bord dans des zones tendues comme à Paris : faute de création de logements neufs, dans une ville aussi dense que Paris, la politique de développement de logements sociaux s'est faite en préemptant du logement privé.

En vingt-cinq ans, à Paris, le parc privé locatif aura été divisé presque par deux et le parc locatif social, multiplié par 1,8. Avec comme conséquence directe la difficulté pour les classes moyennes de se loger. Parallèlement, l'obligation de prévoir 25 % de logements sociaux dans tous les programmes de logements neufs a eu pour conséquence de renchérir le coût des logements privés, tirant les prix de l'immobilier neuf à la hausse ! La tendance est la même au niveau de l'Île-de-France qui concentre les problèmes de logement (avec la région Paca) et où plus du tiers de la construction neuve a été consacré à la construction de logements sociaux.

1. Logements créés à la suite du vote de la loi Solidarité et renouvellement urbain en 2000.

Notons que cette hausse tous azimuts a conduit les gouvernements, pour la financer, à augmenter la fiscalité sur les propriétaires-bailleurs privés (78 milliards d'euros en 2020 contre 37 milliards en 2000) et à favoriser l'investissement des épargnants dans le livret A au détriment du financement des entreprises.

Si l'on voulait être au niveau des Allemands, il faudrait diviser par quatre le nombre de logements sociaux ; si l'on voulait être dans la moyenne européenne, il faudrait en vendre deux millions. En Allemagne, arrivés en fin de conventionnement, les logements sociaux suivent ensuite les règles du secteur privé. Cela permet de réduire progressivement leur nombre, passé de 8 à 1,5 million entre 1980 et 2012 : ils ne représentent plus que 4 % du parc total des logements. Plus d'un million de logements sociaux, propriété des villes ou des *Länder*, ont été vendus à des investisseurs. La compétence de la production de logements sociaux a été transférée aux régions en 2006 et cela se passe plutôt bien.

Comment expliquer que malgré le taux très élevé de nos logements sociaux, malgré le fameux droit au logement, nous ayons un nombre de SDF qui a doublé ces dernières années ?

30

300 000 sans domicile fixe, 27 000 sans-abris

Comment se fait-il qu'autant de personnes dorment dans la rue en France ? Abribus, renfoncements, bancs publics, grilles d'aération, partout on croise la misère. D'où vient cette pauvreté, dans le pays à la dépense sociale la plus élevée du monde ? L'inflation se voit à l'œil nu. À qui la faute ? Que se passe-t-il ?

Nous comptons, selon la Fondation Abbé Pierre, 300 000 personnes sans domicile fixe. Un chiffre qui a doublé depuis les 140 000 personnes du dernier rapport de l'Insee en 2012. Plus inquiétante encore est la montée du nombre de sans-abris, bien qu'il soit difficile à définir : ils seraient 27 000 de plus ? Des décomptes ont aussi été effectués lors des Nuits de la solidarité dans les grandes villes de France (3 600 à Paris, 1 600 à Montpellier, 1 000 à Rennes...). Malheureusement, il n'y a aucune information sur leur situation : Français, pas Français, en situation légale, illégale ? Le pays le plus techno au monde n'aime pas toujours éclairer la statistique...

Si l'on élargit encore le périmètre, on comptait aussi 180 000 personnes en hébergement généraliste en octobre 2020, selon les sources officielles, et

101 000 personnes hébergées dans le dispositif national d'accueil (fin 2019). Pour bien comprendre l'ampleur du phénomène, avant la crise du Covid, 20 % des nuitées d'hôtel en Île-de-France étaient payées par l'État ; au niveau national, c'est 70 000 nuits payées par la puissance publique pour héberger des familles, des migrants...

Il faut y ajouter environ 11 000 personnes qui vivent dans des bidonvilles. Mais attention, ce chiffre ne tient compte que des gens du voyage, mais pas les campements de demandeurs d'asile ou de déboutés du droit d'asile par exemple.

Il est probable qu'une bonne partie de nos SDF recensés soient donc des sans-papiers, si l'on regarde les places d'hébergement... : 43 600 places de centres d'accueil de demandeurs d'asile (Cada), et 3 000 nouvelles places à venir en 2021, à ajouter aux 64 500 autres lits d'hébergement, 4 500 de centres d'accueil et d'examen des situations administratives (CAES) et 8 700 de centres provisoires d'hébergement (CPH) – protection internationale. Le tout, pour 81 000 demandes d'asile en France en 2020, 11 000 demandes de renouvellement et 24 000 bénéficiaires d'une protection internationale. Selon plusieurs sources, 70 % de nos SDF seraient des personnes en situation illégale.

Une mission sénatoriale[1] souligne que « les personnes de nationalité étrangère approchent le seuil de 50 % des personnes reçues par le Secours Catholique – elles l'atteindront vraisemblablement dans les chiffres de 2020. Cela représente une augmentation très significative par rapport à l'an 2000 qui en comptait 20 %. » Et cette

1. MI Lutte contre la précarisation et la paupérisation, Sénat, février 2021.

croissance se retrouve s'agissant des sans domicile fixe et des bénéficiaires d'hébergement d'urgence. Comme le relève là encore le Secours Catholique : « quelque 81 % des étrangers sans papiers sont en logement précaire ou instable. »

Tous les pays européens, à l'exception de la Finlande, sont confrontés à l'augmentation du sans-abrisme, un chiffre estimé à 700 000 SDF au sein de l'Union européenne, soit + 70 % en 10 ans[1]. Année après année, les séjours en centre d'accueil s'éternisent. Leur durée moyenne est passée, entre 2010 et 2016, de 40 à 100 jours au Luxembourg et de 45 à 99 nuitées en France. En Italie, la durée moyenne atteint deux ans et demi.

Les dépenses d'hébergement d'urgence à la charge des États explosent en conséquence. Elles étaient en France d'environ 500 millions d'euros par an il y a 20 ans pour atteindre 2 milliards d'euros en 2018.

En plus de l'hébergement d'urgence, il faut compter un milliard de dépenses par les affaires sociales et un milliard par le ministère de l'Intérieur, 90 % passant par des associations sur appels d'offres.

Malgré ces dépenses publiques importantes, 500 à 600 personnes, selon les estimations, meurent chaque année dans la rue[2].

En Allemagne, pour éviter ces drames, dès octobre, les communes, la police fédérale, les organismes caritatifs et la Compagnie nationale des chemins de fer mettent en place les procédures à suivre en cas de grand froid et

---

1. https://www.lefigaro.fr/actualite-france/union-europeenne-les-etats-membres-s-engagent-a-rassembler-leurs-moyens-contre-le-sans-abrisme-20210624

2. Estimation du collectif Les Morts de la rue.

les SDF n'ont pas le droit de dormir dehors. Très rares sont les personnes qui meurent dans la rue en Allemagne.

La question des SDF a en réalité beaucoup à voir avec celle du respect de la loi en matière de droit d'asile. Combien pourrait-on économiser sur les quatre milliards par an en faisant respecter les Obligations de quitter le territoire français (OQTF) ? Parce qu'on n'assume pas les retours à la frontière, parce que les pays d'origine ne veulent pas assumer leurs ressortissants, les personnes n'obtiennent pas l'asile, mais pour autant, ne sont pas raccompagnées à la frontière.

31

32 % de la richesse nationale ; championne du monde des dépenses sociales

La France compte 5 % des dépenses sociales mondiales en 2020 alors que son PIB ne représente que 3 % du PIB mondial[1]. Même dans une année folle en termes de dépenses sociales, nous conservons notre première place ! Aucun autre État n'a autant soutenu sa population pendant la crise.

Près de 800 milliards d'euros de dépenses sociales (570 milliards dans la Sécu, 49 milliards pour le chômage, 75 milliards de retraites complémentaires, 10 milliards d'allocations aux adultes handicapés (AAH), 10 milliards de primes d'activité, 11 milliards de RSA...). Aucun pays au monde n'atteint ce niveau. La France est à la première place du podium en matière de dépenses publiques sociales. Selon les derniers chiffres de l'OCDE, l'Hexagone a consacré, en 2020, 32 % de son PIB à ces dépenses, bien plus que la moyenne des 38 pays membres qui s'élève à 19,9 %. La France devance ainsi la Finlande (29,6 %) et le Danemark (29,2 %), mais aussi l'Allemagne (25,4 %) et la Norvège

1. Banque mondiale et FMI, voir les publications de Julien Damon.

(25,2 %). Elle se trouve également à des années-lumière du Chili (11,4 %), de la Corée du Sud (10 %) et du Mexique (7,5 %) qui clôturent ce classement.

La plus grosse part de ces dépenses sociales est dédiée aux pensions de retraite ainsi qu'au système de santé. Les retraites pèsent 13,6 % du PIB français, plus que la moyenne européenne (7,8 %), mais moins qu'en Italie et en Grèce où elles représentent plus de 15 % du PIB. La France est en revanche championne des dépenses publiques de santé avec 9,3 % de son PIB dédié à ce poste, avec l'Allemagne et la Suède, contre 6 % en moyenne pour les pays de l'OCDE.

Et ce n'est pas le fait que les dépenses privées de retraite ou de santé soient plus élevées dans d'autres pays comparables de l'Union qui explique l'importance des dépenses publiques en France.

Sur les retraites, par exemple, la part publique des dépenses en Allemagne est moins élevée que celle de la France avec 10,2 % du PIB et la part privée des dépenses est de 0,8 % du PIB alors qu'en France elles sont de 13,6 % et 0,3 %...[1]

Les aides sociales aux actifs (que l'OCDE appelle « soutien au revenu de la population en âge de travailler ») représentent en France 5,3 % du PIB. Près de 130 milliards d'euros. Bien loin du 1,3 % du PIB de minima sociaux souvent évoqués pour dire que la France ne dépense pas assez. Elles regroupent les allocations chômage, allocations familiales ou encore les dépenses pour invalidité. Bien au-dessus de la moyenne OCDE (3,7 %).

Notre organisation sociale est obsolète et coûteuse. Simplistes, certains souhaiteraient supprimer toute

1. Conseil d'orientation des retraites.

concurrence en ayant la peau des complémentaires et des mutuelles de santé en arguant du fait que les CPAM sont moins chères en gestion. Sauf que le calcul n'est pas le bon et que le mythe de la grande Sécu qui rembourse tout, risque de nous emmener vers la santé au rabais, car l'organisation de nos CPAM est loin d'être exemplaire. L'absentéisme, par exemple, y est gigantesque : en moyenne 37 jours par employé et par an dans les bilans sociaux qui ont pu être consultés, soit l'équivalent de 5 000 agents à temps plein...

En juin 2018, Emmanuel Macron parlait du « pognon de dingue » de la dépense sociale. Difficile de le contredire, car ces dépenses sont passées de 659 milliards d'euros en 2012 à plus de 800 milliards d'euros. Et pourtant, la pauvreté est toujours là. Malheureusement, l'insécurité aussi.

Partie VII

Insécurité

32

880 homicides en 2019

Selon un sondage Odoxa, 68 % des Français se sentent en insécurité. Un chiffre énorme que certains tentent de minimiser en essayant de montrer maladroitement, comme le fait le ministre de l'Intérieur, que les statistiques de cambriolage sont en baisse de 20 % alors que c'est juste l'effet des confinements...

Quand on regarde précisément les chiffres, on se rend compte que les Français ont raison de s'inquiéter : les prises d'otages ont augmenté de plus de 400 % en 20 ans (13 en janvier 2020), les viols sur majeurs de près de 300 %, les tentatives d'homicides de plus de 200 %, les séquestrations de plus de 150 %, l'usage de stupéfiants de 95 %... Même si la crise du Covid a modifié à la marge le profil de la criminalité, les tendances de fond sont bien là.

Depuis 2016, les cambriolages de logements seraient en hausse de près de 10 %, les coups et blessures volontaires de 31,2 % (dont 39,3 % en milieu intrafamilial entre 2016 et 2020), les escroqueries (entre 2012 et 2020) augmenteraient de 49 % et les violences sexuelles exploseraient de + 104,5 %[1].

---

1. Ministère de l'Intérieur – rapport État 4001.

Avec 880 homicides en 2019[1], la France est très haut dans le classement. Le taux d'homicides est de 1,28 pour 100 000 habitants quand l'Allemagne est à 0,71, la Suisse à 0,54…

Avec 3,8 millions de crimes et délits répertoriés par an, la France détient, avec la Belgique, le triste record de l'Union européenne : 723 crimes et délits pour 100 000 habitants, loin, très loin devant les Italiens (386), les Allemands (271), les Espagnols (234) ou les Danois (69)[2]…

Quant au taux de récidive, ce n'est pas mieux : 59 % cinq ans après une incarcération, selon le Conseil de l'Europe, quand c'est 48 % en Allemagne. Voilà les chiffres qui fâchent. La France semble bel et bien à la dérive sur la sécurité.

Le taux de criminalité, rapporté à la population, a augmenté. Il est passé de 12-15 pour 1 000 dans les années 1950-1966 à 56 pour 1 000 aujourd'hui. Soit une multiplication par cinq alors que la population ne croissait que de 36 %. Paris et la région Île-de-France sont particulièrement touchées. Mais pas seulement. On peut maintenant se faire tuer par des hommes connus des services de police pour un simple contrôle dans un bus, comme à Bayonne en 2020. Incivilité ou changement de civilisation ?

Comment la France s'est-elle retrouvée dans cette situation ? Étrangement, quand on additionne les forces de police nationale, de police municipale et de gendarmerie, la France est au-dessus des autres pays en effectifs avec 566 agents de force de sécurité pour

---

1. Service statistique du ministère (SSMSI).
2. Eurostat, chiffrage Fondation iFRAP, *Forces de sécurité et criminalité, où en est la France ?*

100 000 habitants quand l'Allemagne en compte 295. Seuls l'Italie et le Portugal sont devant nous.

Mais il faut dire que la répartition est totalement désuète dans notre pays… En réalité, la distinction entre zones urbaines (police) et zones rurales (gendarmerie) n'est plus pertinente, puisque entre 60 % et 70 % des gendarmes travaillent désormais en zones urbaines. Une règle existe pourtant, celle des 20 000 habitants – en deçà zone gendarmerie, au-delà zone police. Mais elle n'a pas été appliquée avec efficacité à cause de la bronca des maires : c'est le cas à Grenoble, Mulhouse ou Toulouse.

Dans les faits, la gendarmerie protège 50 % de la population, mais sur un périmètre qui couvre 95 % du territoire. Faute d'une répartition claire des compétences, le caractère bicéphale de l'organisation de la sécurité intérieure à la française reste un obstacle à la sécurité de nos concitoyens. Cette mauvaise répartition constitue un véritable échec du quinquennat et traduit une absence de courage pour affronter une réforme en profondeur de la carte territoriale. Résultat, des doublons, deux forces dont les missions ne sont pas correctement réparties… aboutissant à un échec humain et budgétaire.

Peut-être le problème se situe-t-il aussi dans la politique pénale de la France ? Ou dans la lecture de la loi que l'on demande à nos juges ? Selon l'Ifop, 73 % des Français pensent d'ailleurs que nos juges ne sont pas assez sévères. Comment accepter que l'on demande quasi expressément aux juges de ne pas incarcérer ou de ne pas faire exécuter les courtes peines comme le confirme la secrétaire générale du syndicat Unité Magistrats : « Les discours sont toujours extrêmement fermes ; le ministre ne cesse de répéter qu'une peine prononcée est une peine exécutée, mais, dans la pratique, il nous est demandé de faire l'inverse pour éviter l'engorgement carcéral, quitte à passer par pertes et profits quantité de condamnations. On est dans l'hypocrisie la plus totale »[1]. On aimerait tous connaître le nombre exact de peines non exécutées à ce jour.

1. *Le Point*, 24 septembre 2021.

33

113 % de surpopulation carcérale

La surpopulation carcérale est actuellement de 113 % avec 68 301 détenus. Dans les maisons d'arrêt où sont incarcérés les détenus en attente de jugement et ceux condamnés à de courtes peines, la densité carcérale est de 132,4 %. Dans certaines autres, c'est bien pire : la densité carcérale atteint 197 %, par exemple à la maison d'arrêt de Gradignan (Gironde).

Quand, en plein confinement, l'annonce est tombée de la remise en liberté anticipée par l'ancienne garde des Sceaux de 4 000 personnes qui étaient à moins de deux mois de la fin de leur peine, la pilule a semblé un peu amère. Dans la même veine, le Conseil d'État a annulé *a posteriori* une circulaire de mai 2020 dans laquelle la ministre de la Justice enjoignait notamment aux magistrats du ministère public (les procureurs) de ne plus faire exécuter les peines d'emprisonnement inférieures ou égales à un mois.

Il y avait alors plus de 72 575 détenus pour environ 61 000 places. Un mois plus tard, les 188 établissements pénitentiaires français comptaient 62 650 détenus, soit près de 10 000 en moins, avec un taux d'occupation de 103 %, contre 119 % le 1er mars.

Le Covid, la meilleure politique carcérale française ? C'est à croire car, en juillet 2020, le ministre nouvellement nommé, Éric Dupont-Moretti, se félicitait que la surpopulation carcérale soit jugulée à 98 % de taux d'occupation. Face à ces « bons résultats », le gouvernement ne voyait d'ailleurs plus l'urgence de livrer les 15 000 places de prison supplémentaires pourtant promises. Alors que le droit à l'encellulement individuel a été énoncé en 1875, seules 42 % des personnes détenues bénéficiaient d'une cellule individuelle en 2019. D'ailleurs, sur ce sujet, la France avance tellement lentement que nous avons été condamnés par la Cour européenne des droits de l'homme pour « conditions de détention dégradantes et inhumaines [en prison] et pour absence de recours effectif ayant pour finalité de prévenir ou faire cesser la situation ». Certes, la surpopulation carcérale a baissé, mais cette inflexion post-Covid n'est pas éternelle. Dans les projections les plus sérieuses, la France dépasserait largement les 80 000 détenus dans les prochaines années.

Aussi, tout simplement, la population française augmente et les chocs migratoires importent des réseaux criminels étrangers sur notre sol ainsi que de nouvelles formes de délinquance (mineurs isolés, etc.), donc les capacités de nos prisons doivent être augmentées.

Or, le budget dédié au pénitentiaire est régulièrement sous-doté. En juillet 2019, par exemple, quand le budget prison a été raboté de 200 millions d'euros, Bercy parlait alors « d'un petit ajustement des crédits à la marge, c'est l'épaisseur du trait »... Des petits ajustements qui font, tout de même, que les 7 000 places qui devaient être construites sous le quinquennat d'Emmanuel Macron arriveront... après 2022.

Dans les faits, les 7 000 places en question sont totalement cannibalisées par les plans antérieurs dont il faut assurer les livraisons (4 630 places, dont 2 000 relèvent de structures d'accompagnement à la sortie). On aboutit ainsi à l'ouverture sous le quinquennat entre 2017 et 2022 de seulement 370 nouvelles places effectives en net par rapport aux plans antérieurs…

À cause notamment de ces programmes pénitentiaires qui n'avancent pas, 80 000 à 100 000 peines de prison resteraient en attente d'exécution chaque année.

Nombreux sont les condamnés à ne pas aller en prison, car toute peine d'emprisonnement de deux ans ou moins peut être commuée en assignation à résidence, port du bracelet électronique (ou anti-rapprochement) ou semi-liberté après examen du dossier par un juge d'application des peines (JAP).

La loi Perben de 2004 qui permet cela a été largement critiquée et a conduit le gouvernement à la modifier récemment dans la loi pour la confiance dans l'institution judiciaire pour « supprimer » les réductions de peines automatiques.

Mais rien n'y fait. Les Français (et les délinquants) ont bien identifié que le maillon faible de la chaîne pénale était le maillon judiciaire/pénitentiaire. Cela se vérifie en amont avec la complexité des procédures permettant de multiplier les vices de forme (au détriment du fond jamais remis en cause), ce qui devrait conduire le législateur à simplifier les « cadres d'enquêtes », et massivement recruter en amont des magistrats à placer dans des pôles d'urgence en zones tendues (afin de traiter les dossiers et de déférer les individus concernés). Malheureusement d'ores et déjà en aval, le système carcéral ne peut encaisser le choc. Résultat, après avoir ralenti les entrées en trouvant toutes les alternatives possibles à l'incarcération, on cherche également à augmenter les flux « sortants ».

Là encore, on est dans l'affichage, car les parlementaires ont aussi voté qu'en cas de bonne conduite, une réduction jusqu'aux 2/3 de la peine pourra être accordée. En réalité, on facilite le recours au bracelet électronique pour limiter la détention provisoire.

En mars 2021, 13 219 détenus étaient placés sous bracelet électronique, soit 14,4 % de plus qu'en janvier 2020 (préalablement à l'effet Covid). C'est la même approche qui était adoptée en son temps par Christiane Taubira.

Affichage encore dans la loi séparatisme qui a étendu la durée maximale de surveillance des détenus sortis de prison de un à deux ans pour les crimes terroristes. Cela paraît bien maigre, alors qu'au 30 mars 2020, 534 personnes prévenues et condamnées étaient détenues en France pour des actes de terrorisme en lien avec la mouvance islamiste, et qu'entre 2020 et 2022, 153 seront libérées. Le procureur de la République antiterroriste, Jean-François Ricard, évoquait le 10 février 2020 « plus qu'une inquiétude, une vraie peur » s'agissant du « devenir des dizaines de personnes qui vont sortir de prison, qui sont très dangereuses et dont les convictions sont absolues »[1].

Le suivi de longue durée des terroristes et des radicalisés sortis de prison est un énorme angle mort de notre politique pénitentiaire.

Tout comme n'est jamais évoquée frontalement la question du renforcement des obligations de quitter le territoire français pour les binationaux ou étrangers radicalisés et condamnés pour faits de radicalisation.

Si l'on se penche sur ceux qui peuplent nos prisons, on découvre que, selon le ministère de la Justice

1. Audition du 10 février 2020 devant l'Assemblée nationale.

– répondant à une question parlementaire[1] –, 14 964 détenus dans les prisons étaient de nationalité étrangère, soit environ 20 % des détenus. Parmi eux, on comptait 1 954 personnes originaires d'Algérie, 1 895 du Maroc, 1 002 de Tunisie, 18 de Suisse, 3 de Suède, etc. Et encore, ces statistiques ne prennent pas en compte les binationaux, ni les Français nés à l'étranger. Il est vraisemblable que beaucoup d'entre eux sont rentrés initialement sur le sol français de manière illégale…

1. Réponse du ministère de la Justice en 2018 à une question du député Guillaume Larrivé.

34

122 839 OQTF, mais seulement 18 906 retours à la frontière !

En 2019, la France a prononcé 122 839 obligations de quitter le territoire français. Sauf que, seulement 18 906 ont quitté le territoire de manière forcée, faute d'application de l'obligation[1]. En 2019, les demandes d'asile s'élevaient à 138 420 (ministère de l'Intérieur), provenant de 139 pays différents dont 46 838 satisfaites (réfugiés, protection subsidiaire, apatrides) soit 38 %.

En 2017, Ahmed Hanachi, un Tunisien sans-papiers en situation illégale, est arrêté pour vol à l'étalage chez C&A, à Lyon… Faute de place en centre de rétention administratif, il est relâché alors que le sous-préfet de permanence ce week-end-là aurait dû signer une obligation de quitter le territoire. Moins de 48 heures plus tard, cet homme tue en les poignardant deux jeunes femmes à la gare Saint-Charles à Marseille.

Henri-Michel Comet, le préfet du Rhône limogé, l'a dit lors de son discours d'adieu : « les injonctions

1. Ce chiffre est encore plus bas en 2020 avec la pandémie, avec 9 111 retours forcés.

ne sont pas toujours cohérentes » et « nos ennemis se repaissent des fragilités de notre démocratie ».

Accueillir ceux qui fuient la guerre et la terreur tout en déboutant vraiment ceux qui viennent pour des questions économiques ou avec des intentions belliqueuses, l'équation n'est pas simple.

Les flux migratoires vers la France s'accélèrent et ce d'autant plus que les pays qui nous entourent bloquent de plus en plus l'afflux vers leurs propres territoires. Allemagne, Autriche, Hongrie, Royaume-Uni... et bientôt Italie, tous les gouvernements européens annoncent n'accepter sur leur territoire de manière légale que les étrangers pouvant bénéficier du droit d'asile. Dans le discours, la France ne fait pas exception et s'est engagée à ce que seuls les demandeurs reconnus comme relevant du droit d'asile puissent rester sur le sol français. Problème : dans les faits, les mesures de reconduite à la frontière sont bien loin d'être exécutées.

En 2016, seuls 16 989 étrangers en situation irrégulière ont été effectivement reconduits (dont 12 961 retours forcés) alors même que 92 076 obligations de quitter le territoire ont été prononcées. Pour ces dernières, le taux d'exécution est de 16 % pour une procédure de droit commun qui, sur décision préfectorale, oblige dans un délai de 30 jours (et plus rarement, sans délai) à quitter la France. Environ 75 000 personnes se maintiennent donc chaque année sur le sol national en dépit de la mesure d'éloignement prononcée à leur encontre. En 2017, le ministre souligne que plus de procédures d'éloignement ont été réellement exécutées – 26 000 –, mais cela reste très faible en comparaison du stock des déboutés.

En Allemagne, la durée de rétention administrative des demandeurs d'asile va jusqu'à 18 mois, elle est illimitée en Grande-Bretagne ou aux Pays-Bas... contre trois mois en France. D'ailleurs, depuis 2016, la justice annule un placement en rétention sur cinq, car la police n'a plus que 48 heures pour étayer ses dossiers de reconduite, au lieu de cinq jours auparavant.

Le député Jean-Noël Barrot chiffre à environ 500 millions d'euros les crédits alloués par an en tout (police, justice, etc.) aux retours à la frontière. Mais quand on scrute spécifiquement la lutte contre l'immigration irrégulière, on s'aperçoit que le budget baisse de presque 10 % en 2020 pour atteindre 122,4 millions d'euros. Et seulement 33 millions ont été consacrés en 2020 aux frais d'éloignement des personnes déboutées du droit d'asile. Soit le budget pour reconduire 15 000 personnes en situation irrégulière sur 90 000 déboutés du droit d'asile. Même si le budget augmente à 36,5 millions d'euros en 2022, cela ne suffira pas. On va donc continuer à garder en France des personnes en situation illégale qui, pour certaines, commettront des délits et des crimes, voire des attentats.

On estime à partir des fichiers des bénéficiaires de l'aide médicale d'État que les étrangers entrés en clandestinité en France pourraient avoir dépassé les 334 546 en 2019, soit + 115 % depuis 2004... Ces statistiques peuvent être complétées par celles du nombre de personnes étrangères contrôlées en situation irrégulière, soit 110 800 personnes en 2018, ou les personnes « régularisées » (admissions exceptionnelles) pour motif humanitaire, soit 30 000 personnes chaque année. Mais il s'agit encore sans doute d'une estimation *a minima* : un récent rapport parlementaire[1] estime entre 150 000

1. François Cornut-Gentille, Rodrigue Kokouendo, *Évaluation de l'action de l'Etat dans l'exercice de ses missions régaliennes en Seine-Saint-Denis*, A.N., 31 mai 2018, p. 23-24.

et 400 000 les personnes en situation irrégulière rien que dans le département de Seine-Saint-Denis, loin des 57 000 bénéficiaires de l'aide médicale d'État dans ce département. Les estimations sont d'environ 500 000 à 600 000 personnes en situation illégale en France[1].

Est-ce plus que dans d'autres pays ? Selon un rapport IGAS/IGF[2], ils seraient 354 000 en Allemagne et 22 000 au Danemark. Ce qui veut dire que, logiquement, la France devrait plutôt compter 250 000 illégaux que 500 000. Deux fois moins en clair.

La France doit faire respecter ses décisions de reconduite à la frontière, en priorité pour les personnes « réfugiées » mais issues de « pays sûrs » candidatant à l'entrée dans l'Union européenne ou situés à proximité : Géorgie, Albanie, etc. Ce qui permettrait de lutter contre les réseaux mafieux au voisinage de l'Union européenne. Il manque 220 millions par an pour cela, 220 millions qui permettraient beaucoup d'économies ensuite...

1. Voir Patrick Stefanini, *Immigration*, Robert Laffont, Paris, 2020.

2. Rapport IGAS – IGF sur l'aide médicale d'État : diagnostic et propositions, octobre 2019.

35

28 000 mineurs non accompagnés

Aider de jeunes mineurs seuls et sans-papiers ? Cela semble partir d'une bonne intention. Sauf que beaucoup ne sont pas mineurs, beaucoup sont fauteurs de troubles, d'autres peuvent être radicalisés.

Cette situation est une poudrière. Le nombre de mineurs non accompagnés qui demandent aux pouvoirs publics une prise en charge au titre de la protection de l'enfance a explosé : de 1 747 en 2003, ils sont passés à près 28 000 jeunes en 2018 (pour 50 000 demandes). Un chiffre qui baisse en 2019 à 16 760.

Une part non négligeable de l'insécurité dans les centres urbains est due à ces mineurs étrangers isolés : en 2020, selon le parquet de Paris, 76 % des mineurs déférés sont des mineurs non accompagnés. Ils sont responsables de 32 % des vols avec violence et de 44 % des vols à la tire[1]. À Paris *stricto sensu*, la part de la délinquance des mineurs isolés non accompagnés est passée de 5 % à 11 % des mis en cause. Et le confinement n'a rien arrangé. Selon la Direction centrale de la sécurité publique, la part des mineurs non accompagnés mis en

1. Assemblée nationale, Jean-François Eliaou et Antoine Savignat, Mission d'information sur les problématiques de sécurité associées à la présence sur le territoire de mineurs non accompagnés, 10 mars 2021.

cause progresse de façon très importante entre 2016 et 2020, représentant une augmentation de 84,7 % dans l'ensemble des mis en cause, alors même que le volume délictuel a été significativement impacté à la baisse en 2020 à la faveur du premier confinement (- 16,4 %). En 2020, le total des mis en cause mineurs non accompagnés représente 5 046 occurrences.

Du côté de l'administration judiciaire, le nombre de déférés au parquet de Paris est elle aussi en nette augmentation : + 27,2 % entre 2016 et 2020 ; la proportion de mineurs non accompagnés délinquants sur le total de la délinquance des mineurs devient désormais très largement prépondérante.

En 2005, on comptait 2 500 mineurs isolés en France. Fin 2017, ils étaient 25 000 pour une dépense qui dépasse 1,4 milliard d'euros. Le département du Val-d'Oise expliquait déjà qu'en quatre ans, ses dépenses relatives aux mineurs isolés étaient passées de 4 à... 17 millions d'euros.

De plus en plus nombreux, ces mineurs deviennent des fauteurs de troubles, se tournant vers la délinquance dans beaucoup de centres urbains, que ce soit à Paris, à Bordeaux ou à Montpellier : « après le déconfinement, on a eu une explosion des incivilités, un phénomène récurrent lié à la présence des mineurs non-accompagnés », précise Éric Marrocq, secrétaire régional du syndicat Alliance. Au Haillan, fin juin 2020, deux Géorgiens ont été interpellés alors qu'ils étaient rentrés dans le domicile d'un particulier. De même à Bordeaux, en plein centre-ville, deux jeunes Tunisiens et un mineur non accompagné de Libye. À la suite de ces interpellations, les autorités ont créé un groupe d'enquête dédié à la délinquance des mineurs non accompagnés au sein de la police de Bordeaux. À Paris, c'est le procureur Rémy Heitz qui a alerté le Sénat sur « une hausse considérable de mineurs non accompagnés à l'origine d'une délinquance acquisitive, de voie publique particulièrement significative ». Le nombre de mineurs non accompagnés déférés à Paris est ainsi passé de 1 500 à 3 000 entre 2015 et 2019, « ce qui est assez considérable ». Le procureur précise que certains sont déférés au parquet « plusieurs fois par semaine ». « Des mineurs qui sont des multirécidivistes et même multi-réitérants. [...] Ces mineurs jouissent d'un sentiment d'impunité extrêmement fort[1] », a-t-il noté.

Il faut dire que les services de l'Aide sociale à l'enfance (Ase) ne facilitent pas le travail de la police. Dans le cas du Pakistanais « mineur » isolé, auteur de l'attaque terroriste du 25 septembre 2020 devant les anciens locaux de *Charlie Hebdo*, on voit toutes les limites de l'Ase qui n'a rien vu, rien entendu et surtout pas vu les faux papiers, la fausse date de naissance du mineur qui avait 25 ans ! Pourtant Ali H. était connu des services de police pour port d'arme prohibé. Sa prise en charge s'était achevée le 10 août 2020, date de sa majorité présumée.

Combien sont-ils, ces soi-disant mineurs isolés pas mineurs du tout, que la collectivité doit prendre en charge, nourrir et vêtir, mais dont on n'a pas le droit de connaître l'âge osseux sous prétexte qu'ils ont des papiers ? Que ce serait-il passé si le test de l'âge osseux avait été pratiqué sur Ali H. ? Il aurait été débouté

1. Rapport d'information par la Commission des lois constitutionnelles, de la législation et de l'administration générale de la République sur les problématiques de sécurité associées à la présence sur le territoire de mineurs non accompagnés, présidé par les députés Jean-François Eliaou et Antoine Savignat, le 10 mars 2021.

du droit d'asile... À trop donner gratuitement, sans contreparties, on affaiblit l'État et la France avec. « Cet individu, qui revendiquait sa minorité, avait été pris en charge à son arrivée en France en août 2018 », indique le département du Val-d'Oise dans un communiqué. Le conseil départemental « avait contesté sa minorité, mais une décision de justice avait confirmé sa prise en charge jusqu'au 10 août 2020, date de sa majorité et donc depuis laquelle il n'est plus sous la protection de l'aide sociale à l'enfance ». Pendant cette prise en charge, « aucun signe de radicalisation n'avait été observé par les services », précise cette source.

Reste à savoir qui sont ces mineurs. Selon les données 2019, ils viennent essentiellement du Maghreb : « les mineurs non accompagnés algériens, marocains et tunisiens représentent plus de 75 % des mineurs non accompagnés déférés et, à eux seuls, les mineurs se déclarant algériens représentaient en 2019 quasiment 50 % des mineurs déférés » d'après le Parquet de Paris. La proportion relevée par la Préfecture de police de Paris en 2020 est de plus de 42 % de mineurs non accompagnés algériens et 35 % pour les Marocains. En Gironde, la proportion pour 2020 est de 45,5 % de mineurs non accompagnés marocains et 31,7 % algériens.

Les coopérations bilatérales ne fonctionnent pas avec les pays concernés : « La coopération avec l'Algérie est actuellement limitée à la seule interrogation des fichiers algériens via le canal Interpol »[1]. Et en Tunisie, même en cas d'accord de coopération, c'est l'état civil qui est défaillant puisque « l'obligation légale de s'inscrire à l'état civil ne commence qu'à partir de la majorité

1. *Op. cit.*

d'une personne », ce qui limite de facto la possibilité d'identifier les mineurs.

Cette absence d'état civil fiable est une véritable bombe à retardement. Selon la Direction de la coopération internationale, 237 millions d'enfants de moins de cinq ans dans le monde n'ont pas d'acte de naissance. Et près de 70 % d'entre eux n'ont jamais été enregistrés à la naissance. Ils n'ont donc aucune trace légale dans leur propre pays d'origine.

Or, l'identification des individus suppose deux prérequis pour une orientation efficace des mineurs non accompagnés. Que l'on puisse connaître leur identité, ce qui passe par la possibilité d'effectuer des relevés d'empreintes digitales, et que l'on puisse ensuite s'assurer de leur minorité effective (sous peine d'être réorientés vers les dispositifs pour adultes).

Et on est loin du compte actuellement : « une expérimentation menée par le parquet de Paris en 2019 souligne que, pour 154 jeunes formellement identifiés, 141 étaient majeurs, soit 91,6 % d'entre eux »[1]. Pour les praticiens du sujet, on estime « qu'il n'est pas exagéré d'imaginer qu'*a minima* la moitié des mineurs non accompagnés qui se prétendent [âgés de 16 ou 17 ans] dans l'agglomération parisienne, sont en réalité âgés d'au moins 18 ans et mentent sur leur âge, comme ils le font à propos de leur identité, pour bénéficier de la clémence de la justice des mineurs. Cela représente, encore une fois grandement sous-évalué, au moins 2 500 mis en cause en 2020[2]. »

1. *Op. cit.*

2. Études de la Fondation iFRAP publiées dans le mensuel *Société civile* n° 266 de septembre 2021.

36

8 000 fichés S

En 2020, 8 000 personnes étaient fichées pour radicalisation à caractère terroriste. Faisons un triste récapitulatif : en mai 2018, un homme né en Tchétchénie et naturalisé français, a tué au couteau un passant de 29 ans en plein cœur de Paris. Il faisait l'objet d'une fiche des renseignements « S » (pour « Sûreté de l'État »). Avant cet énième épisode de terreur au cœur de la capitale, 31 terroristes avaient déjà frappé la France depuis 2012 : 20 étaient fichés S. Si l'on prend en compte les membres du commando du Bataclan, qui étaient connus, eux, de la police belge pour leur radicalisation, la proportion grimpe à 87 % de terroristes sous surveillance, de près ou de loin. Les autres avaient tous un passé judiciaire, pour des délits de droit commun. Ainsi, tous ces terroristes ont été en contact, à un moment donné, avec les autorités. Neuf d'entre eux étaient étrangers, quatre avaient une double nationalité.

Rappelons-le, la fiche S ne signifie pas qu'une personne est un terroriste ou en passe de l'être, c'est un instrument de renseignement pour les services. Le « fichier S » appartient au Fichier des personnes recherchées (FPR) qui recense tous les individus faisant l'objet d'une mesure de recherche ou de vérification pour des raisons juridiques, administratives ou fiscales. Les fichés S sont classés de 1 à 16 permettant d'évaluer les conditions dans lesquelles l'individu doit être surveillé ou interpellé... mais cela ne correspond pas à leur niveau de dangerosité. Ainsi, les individus revenant du djihad sont classés 14. On compte 12 000 fichés S dont 8 000 pour terrorisme. 2 100 sont en prison pour des faits de terrorisme ou soupçons de radicalisation, 390 le sont pour faits de terrorisme en lien avec l'islam radical, 1 329 individus détenus, prévenus ou condamnés pour des infractions de droit commun (ne portant pas atteinte à l'ordre politique) mais susceptibles d'être radicalisés.

L'efficacité des fiches S est aujourd'hui controversée. Le fichier n'étant pas réservé uniquement aux terroristes islamistes (mais inclut également des activistes d'extrême gauche, d'extrême droite, basques, corses, etc.), qui sont pourtant devenus une priorité, le ministère de l'Intérieur a mis en place le 5 mars 2015 un nouveau fichier établi par décret confidentiel. Le fichier des signalements pour la prévention et la radicalisation à caractère terroriste (FSPRT) détient les noms des personnes identifiées comme les plus à risque, et c'est bien cette liste qui est revue par les préfets de manière régulière avec un compte-rendu au ministre. Près de 8 132 personnes seraient recensées comme actives dans ce fichier[1] pour près de 20 000[2] inscrits.

---

1. Voir le rapport d'information portant sur les fichiers mis à la disposition des forces de sécurité publié par l'Assemblée nationale en octobre 2018.

2. Chiffre donné en novembre 2018 par le ministère de la Justice en réponse à une question écrite du député Éric Ciotti.

Les cas jugés « dangereux » sont surveillés par la DGSI (entre 3 000 et 4 000) et les « moins dangereux » par le Service central du renseignement territorial (11 500). Certains sont « clôturés », c'est-à-dire qu'ils sont maintenus dans les fichiers en tant que radicalisés, mais sans être surveillés, et d'autres sont « en veille » : il n'y a pas de suivi actif, mais ils restent enregistrés.

Parmi ces fichés, 2 046 étaient en Syrie et en Irak. On recense également 2 000 mineurs, le plus jeune ayant 11 ans. Concernant le FSPRT, les avis sont partagés parmi les services de renseignement. La DGSI ne juge pas ce fichier plus utile que le fichier S contrairement au Service central du renseignement territorial qui en est très satisfait.

Par définition, ces fichiers sont tenus secrets.

Selon le professeur Gilles Kepel, nous rentrons aujourd'hui dans un « djihadisme de troisième génération ». Cela signifie que les attentats islamistes ne sont plus commis par des djihadistes professionnels formés aux attentats, mais par des individus isolés, radicalisés via Internet ou autre. Ces individus échappent donc à la police, qui ne décèle pas de liens entre eux et les organisations islamistes.

C'est le cas de l'assassin (statut de réfugié d'origine tchétchène) de Samuel Paty qui n'était pas fiché. Idem pour l'attaquant de la Préfecture de police de Paris. À la suite de cette attaque, un rapport parlementaire précise que : « la place Beauvau préfère parler de signalements plutôt que de radicalisation. Sur les 106 cas signalés, trois policiers ont été suspendus ».

Du côté des entreprises, la loi Leroux-Savary, passée en mars 2016, permet de procéder à des enquêtes administratives avant tout recrutement ou affectation d'un individu en cas de doutes sur le comportement de l'intéressé. Si l'enquête conclut à un cas de radicalisation, l'entreprise peut lancer une procédure de licenciement, mais seulement si le salarié exerce une fonction pouvant nuire à la sécurité de l'entreprise.

Premiers bénéficiaires de cette loi ? Les entreprises publiques et l'État. Notamment la SNCF et la RATP. À la suite de l'attaque terroriste de la Préfecture de police de Paris par un de ses propres agents, la RATP a licencié une dizaine d'agents pour radicalisation. À la SNCF, on parle de 22 avis négatifs sur 2 425 dossiers examinés[1] en 2019.

Enfin, le ministère de l'Intérieur a aussi transmis les noms des fichés S pour certains métiers jugés à risque. C'est ainsi que la place Beauvau a fourni au ministère de l'Éducation nationale les noms d'enseignants fichés S : une dizaine a été automatiquement exclue, selon le ministère. Le domaine de l'éducation est particulièrement surveillé, car c'est un lieu d'influence, même au niveau des enfants : 1 848 jeunes scolarisés seraient radicalisés et potentiellement candidats au djihad.

Et le ministère de la Défense ? La radicalisation en son sein a fait l'objet d'un suivi par deux rapporteurs de l'Assemblée nationale, Éric Poulliat et Éric Dard en 2019. Les parlementaires concluent que depuis 2016, la radicalisation n'y a quasiment pas progressé. On décomptait 57 cas de radicalisation « islamique et politique » en 2018 dans l'armée de terre, mais aucun dans la marine et aucun dans l'aviation. Il faut dire que la DRSD (Direction du Renseignement et

1. Rapport d'information portant sur les services publics face à la radicalisation publié par l'Assemblée nationale en juin 2019.

de la Sécurité de la Défense) y veille depuis 2016 (ex-DPSD).

Cela pose une nouvelle fois la question des mesures à prendre au sein de la sphère civile et dans l'ensemble des services publics hors Défense. On se souvient trop cruellement de l'attaque à la préfecture de police de Paris, censée être le saint des saints.

37

1,6 point de PIB seulement de dépenses de sécurité intérieure

Tandis que la dépense sociale gonfle, l'État régalien est sacrifié. En 2021, la dépense sociale explosait, à 32 % de PIB, tandis que la dépense de sécurité intérieure (y compris la justice et le pénitentiaire) stagnait autour de 1,63 % du PIB.

Pour rappel, en cinquante ans, la part des dépenses régaliennes (y compris dépenses de Défense) a été divisée par deux. Elles représentent à peine 3 % de la richesse nationale, contre 6,5 % en 1965, sous la présidence du général de Gaulle[1].

Le Parlement a pourtant examiné 13 textes relatifs à la sécurité entre 2017 et 2022. Et, malgré cela, nous manquons cruellement d'une vision globale sur le sujet pour relier les questions de forces de sécurité, de justice, de pénitentiaire, de renseignement, d'asile et d'immigration. La recherche et la défense bénéficient de lois de programmation qui permettent des stratégies de long terme, mais pas la sécurité intérieure. Ce vide interroge.

1. Avis fait au nom de la Commission des lois constitutionnelles, de la législation et de l'administration générale de la République sur le projet de loi (n° 1255) de finances pour 2019.

Ce qu'il faut faire ? Que le futur gouvernement travaille sur une loi de programmation globale qui aurait le mérite d'associer sécurité intérieure, justice et pénitentiaire pour une vision complète jusqu'en 2027 ou 2030. Ces deux politiques sont intimement liées. Les dysfonctionnements que nous connaissons viennent en grande partie de ceci : les deux sujets sont trop souvent traités séparément et nos prisons, saturées, incitent les décideurs à faire incarcérer le moins possible. Une loi de programmation doit donner les moyens budgétaires afin de faire appliquer nos lois sur l'ensemble de la chaîne pénale : traitement de la délinquance, justice plus rapide, application effective des peines.

En remplacement des écoles de police existantes, il conviendrait de créer une académie de police chargée de la formation conjointe des policiers nationaux et municipaux. L'objectif est de doter progressivement les policiers municipaux des mêmes compétences que la police nationale afin de permettre leur travail en commun. Cette approche doit permettre de renforcer les synergies territoriales en matière de sécurité du quotidien, mais aussi judiciaire et d'ordre public, tout en respectant une certaine frontière régalienne. Par ailleurs, il est nécessaire de renforcer l'apport d'autres services d'enquêtes spécialisés comme les services des douanes et des impôts (civils et judiciaires), à l'image de ce que Nicolas Sarkozy avait développé avec les GIR (Groupements d'Intervention Régionaux).

Il est également indispensable que l'aggravation des sanctions encourues en cas d'atteintes aux forces de sécurité intérieures (en cours de discussion au Parlement) soit étendue aux forces de sécurité civile (pompiers, etc.) afin de soutenir l'intervention des pouvoirs publics dans les quartiers dits sensibles.

Sur le volet judiciaire, il s'agit d'augmenter le nombre de postes de magistrats et greffiers (de 1 625 équivalent temps plein travaillé ou ETPT[1]) afin de réduire les délais des décisions de justice et le stock des affaires existant. Pour accélérer les procédures, il faut aussi qu'en aval le taux d'exécution des décisions de justice soit amélioré par l'augmentation des capacités de l'administration pénitentiaire (20 000 places de prison opérationnelles supplémentaires sont nécessaires d'ici 2030). Il faut en particulier prévoir la mise en place de structures isolées et consacrées aux personnes radicalisées ou condamnées pour faits de terrorisme. Le suivi à vie de ces dernières suppose un placement systématique sous bracelet électronique et le développement des moyens de renseignement territorial.

Reste la question de la politique d'immigration : il est urgent de décider d'un doublement des places en centres de rétention administrative pour atteindre 4 000 places et, sur le modèle danois, de travailler sur l'implication des pays de transit pour les demandes d'asile. Il faut également viser le triplement du taux d'exécution des obligations de quitter le territoire français, soit un objectif de 60 000 par an. À cette fin, les effectifs de la police de l'air et des frontières devront augmenter de 21 % (soit 3 238 agents ETPT ou équivalent temps plein travaillé[2]) et en priorité dans les DOM (Guyane et Mayotte). Dans l'urgence, le mieux serait de renforcer les zones en forte tension, y compris sur leur versant judiciaire : Paris, Seine-Saint-Denis, Bouches-du-Rhône (où n'exercent que trois juges de la liberté

1. « Une priorité du prochain président, un budget de la sécurité à la hauteur des périls », *Le Figaro*, 23 septembre 2021.

2. *Art. cit.*

et de la détention par exemple). Des apports extérieurs pourraient venir travailler dans ces pôles renforcés pour traiter le volume des affaires en souffrance (professionnels du droit, avocats, magistrats à la retraite pour une réserve judiciaire opérationnelle etc.). D'autres mesures comme la mise en place d'une interconnexion des fichiers police et gendarmerie (empreintes et images) et du ministère de la Justice ou la mise en place de tests osseux pour déterminer l'âge des personnes qui disent être des mineurs non accompagnés sont aussi nécessaires.

Conclusion

Le déclassement de la France n'est pas une option

La France est sur un fil, elle hésite : elle peut basculer du côté des pays du Nord de l'Europe bien gérés ou des pays du Sud. Pays encore riche ou pays plus pauvre ? Les Français sont dans l'expectative. Les heures tournent. Les réformes ne se font pas. Le sentiment de paupérisation monte. Les débats se tendent. Avec sa débauche de dépenses publiques, la crise du Covid a accéléré l'effondrement de la France.

Si la France était à la moyenne de la zone euro, elle taxerait pour 155 milliards de moins les Français et leurs entreprises. Si la France était à la moyenne de la zone euro, on compterait 262 milliards de moins par an en dépenses publiques.

Grande puissance encore ? Havre de la liberté ? Patrie des droits de l'Homme ? Patrie de l'égalité entre les hommes et les femmes ? République qui respecte encore l'équilibre des pouvoirs chère à Montesquieu ? Peut-on sortir du rêve éveillé d'une France où tout irait bien, ce que nos dirigeants nous font miroiter chaque jour en prévision des élections présidentielles ?

Non, nous n'avons pas une croissance de folie, nous récupérons juste d'une récession de près de 8 % du PIB.

Non, nous n'avons pas les meilleurs chiffres du chômage, nous subventionnons juste les emplois avec de l'argent public, nous payons les entreprises pour embaucher des jeunes et nous planquons les chômeurs dans des formations...

Non, nous n'avons pas un « bien meilleur déficit public » en 2021, mais 30 milliards d'euros de déficit en plus pour l'État par rapport à ce qui était prévu dans la loi de finances votée initialement pour 2021.

Oui, le « quoi qu'il en coûte » et son immense guichet façon *open bar* vont nous coûter très cher.

Oui, nous allons vers une vague inflationniste qui va emporter une partie de nos revenus sur son passage.

Oui, nous allons vers un tsunami de taxes et d'impôts dès le début du prochain quinquennat.

Au premier mouvement des taux d'intérêt, la situation va se corser. Nous devons tout faire pour que cela ne soit pas un carnage pour nos finances publiques et donc pour la France.

Maintenant que le vrai état de la France est là, sous nos yeux, implacable photographie, nous devons dire quel(s) objectif(s) atteindre et comment.

L'objectif ? Il sommeille en chacun de nous : rendre sa place à notre beau pays. Ne plus être distancés par les Suisses, les Allemands, les Néerlandais, les Suédois, les Danois, ou qui que ce soit d'autre en Europe, en richesse produite par habitant, en emplois et en souveraineté.

La France ne doit plus être ce tonneau des Danaïdes qui finance par les aides sociales (et donc la dette) la consommation de produits importés plutôt que de travailler et de produire en France.

La France et les Français méritent mieux. Définitivement.

Les mesures à prendre crèvent les yeux, ne serait-ce que pour réduire d'un tiers cet écart... Et se résument en cinq grands principes : travailler plus et plus longtemps ; baisser les dépenses publiques de 100 milliards et les impôts de 60 milliards d'euros à l'horizon 2030[1] ; adopter les principes d'une allocation sociale unique ; inscrire dans la Constitution un frein à l'endettement ; assurer la sécurité des Français, de leurs entreprises, de leurs commerces, de leurs administrations et de leurs agents publics, en faisant respecter nos lois.

Dès les 100 premiers jours, il faudra lancer les 22 chantiers suivants :

Travailler et produire en France :

1- Baisser les taxes sur les entreprises.
2- Supprimer les majorations sur les heures supplémentaires jusqu'à 40 heures par semaine.
3- Reculer l'âge de départ à la retraite à 67 ans progressivement jusqu'en 2032.
4- Libérer les conditions de création d'usines en France.
5- Prolongation de la durée de vie des centrales nucléaires jusqu'à 80 ans quand c'est possible et programmer la construction de 6 à 10 EPR.
6- Flécher l'épargne des Français vers les créations d'entreprises.

1. Voir tableaux, Annexes, p. 191-241

Équilibrer les comptes de la nation :

7- Décentraliser la gestion de la santé, de l'éducation, de la culture et de la politique de l'emploi aux régions. Donner l'autonomie de gestions aux écoles, collèges, lycées, agences de Pôle emploi, organismes culturels avec des objectifs de résultats à atteindre.
8- Baisser les dépenses de 100 milliards à l'horizon 2030.
9- Baisser les impôts de 60 milliards.
10- Évaluer les comptes publics – rendre son pouvoir de contrôle au Parlement.
11- Fusionner et plafonner les aides sociales à maximum 90 % du Smic mensuel net.
12- Mettre en concurrence les services publics.
13- Généraliser les délégations de services publics.
14- Publier la nationalité des détenteurs de la dette française.
15- Voter une règle de détention de notre dette par des résidents français à 70 %.
16- Voter dans la Constitution un système de frein à l'endettement.

Faire respecter les lois, rétablir la sécurité, maîtriser les flux migratoires :

17- Construire 15 000 à 20 000 places de prison.
18- Faire respecter les obligations de quitter le territoire français à tous les déboutés du droit d'asile.
19- En attente de réponse de demande d'asile ou de titre de séjour, faire résider les demandeurs et leurs familles dans des centres administratifs.

20- Stopper l'émission de visas vers la France pour les ressortissants de pays qui ne reprennent pas leurs ressortissants déboutés du droit d'asile.
21- Expulser les étrangers auteurs de crimes et délits et leurs ayants droit.
22- Ne pas renouveler les cartes de séjour pour les ménages étrangers dont aucun des membres ne travaille de manière déclarée (sauf asile).

Toutes ces mesures n'ont rien de sorcier. Il faut juste les mettre en œuvre. Ce ne sera pas du sang et des larmes. Ce sera au contraire le sursaut tant attendu. Marcher, certes, mais la tête haute. Assumer que nous maîtrisons une part de notre destin commun. Reconstruire la France. Tout simplement car la France n'a pas droit au déclin.

Annexes

Et si la France était dans la moyenne de la zone euro…

Poids des dépenses publiques par fonction dans le PIB pour la France et la zone euro hors France en 2019

En points de PIB	France	Zone euro hors France	Allemagne
Protection sociale	31,9	25,7	27,1
dont retraites	14,6	11,9	11,6
dont santé	10,9	9,7	10,7
dont famille	2,3	1,5	1,7
dont chômage	1,9	1,3	1,5
Affaires économiques	6,0	3,9	3,3
Services généraux des administrations publiques	5,5	5,9	5,7
Enseignement	5,3	4,4	4,3
Défense	1,7	1,0	1,1
Ordre et sécurité publics	1,6	1,7	1,6
Loisirs, culture et culte	1,4	1,0	1,0
Logement et équipements collectifs	1,1	0,4	0,4
Protection de l'environnement	1,0	0,8	0,6
Total des dépenses publiques	55,6	44,8	45,2

Écarts France-zone euro hors France de dépenses publiques par fonction en 2019

	En points de PIB	En milliards d'euros
Protection sociale	6,2	150
dont retraites	2,7	65
dont santé	1,2	29
dont famille	0,8	19
dont chômage	0,6	15
Affaires économiques	2,1	51
Services généraux des administrations publiques	−0,4	−10
Enseignement	0,9	22
Défense	0,7	17
Ordre et sécurité publics	−0,1	−2
Loisirs, culture et culte	0,4	10
Logement et équipements collectifs	0,7	17
Protection de l'environnement	0,2	5
Total des dépenses publiques	10,8	262

Écarts de prélèvements obligatoires entre la France et le reste de la zone euro (hors France) de 2016 à 2019 (en points de PIB et en Mds €)

	En pts de PIB		En milliards €	
	2016	2019	2016	2019
Taxes indirectes	**3,7**	**4,6**	**81,7**	**112,5**
TVA	0,1	0,3	3,1	7,8
Taxes sur les importations	-0,5	-0,5	-11,2	-12,5
Taxes sur les produits	1,1	1,5	23,8	36,2
Taxes de production	3,0	3,3	66,2	80,9
Taxes sur les revenus des personnes physiques	**-0,5**	**-0,1**	**-11,9**	**-2,0**
Taxes sur les sociétés et les autres personnes morales	**0,0**	**0,2**	**0,0**	**4,3**
Autres (impôts courants et impôts sur le capital)	**0,9**	**0,7**	**20,9**	**16,8**
Cotisations sociales effectives	**3,3**	**1,2**	**74,0**	**30,2**
Cotisations sociales effectives à la charge des employeurs	4,3	3,0	95,0	72,4
Cotisations sociales effectives à la charge des ménages	-0,9	-1,7	-21,0	-42,3
Moins : transferts en capital	**-0,3**	**-0,3**	**-6,5**	**-6,3**
Total des prélèvements obligatoires	**7,1**	**6,4**	**158,0**	**155,4**

(Source : National Tax List 2021)

Tableau des 100 milliards d'euros d'économies d'ici 2030

Compteur d'économies	2022	2023	2024	2025	2026	2027	2028	2029	2030
Baisse de la masse salariale – 300 000 agents		1,3	2,6	3,9	5,2	6,5	7,8	9,1	10,4
Baisse des PSR collectivités territoriales		2,1	4,1	5,4	6,7	8,0	9,3	10,6	16,5
Inclusion dans la contractualisation des BA/ODAL		0,5	0,5	1,0	1,5	2,0	2,5	3,0	3,0
Baisse des dépenses de fonctionnement		1,0	2,0	3,0	4,0	6,0	8,0	8,0	8,0
Allocation sociale unique			2,0	3,0	4,0	5,0	5,0	5,0	5,0
Réforme des retraites à 65 ans dès 2027		4,6	6,9	9,2	11,5	13,8	16,1	18,4	20,7
Suppression des régimes spéciaux				1,0	2,0	2,5	2,5	2,5	2,5
Réforme de l'assurance chômage		1,0	2,0	3,0	4,0	4,0	4,0	4,0	4,0
Maîtrise de l'ONDAM		1,4	2,9	4,3	5,8	7,2	8,6	10,1	11,5
Baisse des subventions		0,3	0,3	0,3	0,3	0,3	0,3	0,3	0,3
Mise en concurrence des caisses d'assurance maladie au 1er euro			2,0	2,0	2,0	2,0	2,0	2,0	2,0
Sortie de SP du périmètre des APU – enseignement scolaire – Hôpitaux		1,0	2,1	4,2	6,4	6,4	8,0	10,0	12,0
Fusion des ODAC/rebudgétisation		0,7	1,0	1,3	1,6	1,9	2,2	2,5	2,8
Cessions d'actifs immobiliers				3,5					
Baisse de la charge d'endettement par rachat des OATi		0,6	1,1	0					
Conditionnalité de l'APD à la mise en place d'accords de réadmission					2,5	2,5	2,5	2,5	2,5
Fusion URSSAF/DGFiP					0,25	0,25	0,25	0,25	0,25
Regroupements hospitaliers					2	2	2	2	
Regroupements scolaires					1,7	1,7	1,7	1,7	
Bascule de dépenses d'interventions classiques en crédits d'impôts						6,4	13,3	6,6	
Total économies	**0,00**	**14,47**	**29,50**	**45,17**	**61,48**	**78,46**	**96,13**	**98,64**	**101,23**

(Source : Fondation iFRAP – la ventilation des économies à l'horizon 2030 pourra être mise à jour ultérieurement)

Tableau des 60 milliards d'euros de baisse de prélèvements obligatoires d'ici 2030

	2022	2023	2024	2025	2026	2027	2028	2029	2030	Total
Suppression de l'IFI		2,1	2,1	2,1	2,1	2,1	2,1	2,1	2,1	**2,1**
Baisse des droits de succession/donation (DMTG) en 5 ans		3,5	7,1	10,8	14,6	18,5	20,2	20,2	20,2	**20,2**
Suppression de la CVAE		2,1	4,2	9,6	9,6	9,6	9,6	9,6	9,6	**9,6**
Suppression de la CFE				1,4	4,7	4,7	4,7	4,7	4,7	**4,7**
Suppression de la C3S						5,5	5,5	5,5	5,5	**5,5**
Suppression d'une première tranche du forfait social									4,36	**4,4**
Baisse de la composante IR du PFU de 12,8 % à 7,8 %							2,7	2,7	2,7	**2,74**
Bascule des revenus fonciers au PFU							2,8	2,8	2,8	**2,8**
Suppression de la TVA sur l'électricité, le gaz et les carburants (taxe sur taxe)								4,0	8,0	8
Total baisse des prélèvements obligatoires	**0**	**7,7**	**13,4**	**23,9**	**31,0**	**40,4**	**47,64**	**51,64**	**60,00**	**60**

(Source : Fondation iFRAP – la ventilation des baisses de prélèvements obligatoires à l'horizon 2030 pourra être mise à jour ultérieurement)

Partie I : Décrochage

Chapitre 1 : 23e rang mondial en richesse par habitant, la France a décroché

Classement des 50 premiers pays les plus riches, en PIB par habitant (en € courants, en 2020)

	Pays	PIB 2020
1	Luxembourg	115 874 €
2	Suisse	87 097 €
3	Irlande	85 268 €
4	Norvège	67 390 €
5	États-Unis	63 544 €
6	Danemark	61 063 €
7	Singapour	59 798 €
8	Islande	59 270 €
9	Pays-Bas	52 397 €
10	Suède	52 259 €
11	Australie	51 812 €
12	Qatar	50 805 €
13	Finlande	48 773 €
14	Autriche	48 328 €
15	Chine, RAS de Hong Kong	46 324 €
16	Allemagne	46 208 €
17	Belgique	44 594 €
18	Israël	43 611 €
19	Canada	43 258 €
20	Nouvelle-Zélande	41 478 €

	Pays	PIB 2020
21	Royaume-Uni	40 285 €
22	Japon	39 539 €
23	**FRANCE**	**39 030 €**
24	Porto Rico	32 291 €
25	Italie	31 676 €
26	Corée, République de	31 489 €
27	Bahamas	28 608 €
28	Malte	27 885 €
29	Brunéi Darussalam	27 466 €
30	Espagne	27 063 €
31	Chypre	26 624 €
32	Slovénie	25 517 €
33	Îles Turques-et-Caïques	23 880 €
34	Estonie	23 027 €
35	République tchèque	22 932 €
36	Portugal	22 437 €
37	Arabie saoudite	20 110 €
38	Lituanie	19 998 €
39	République slovaque	19 157 €
40	Grèce	17 676 €

(Source : Banque mondiale)

Chapitre 2 : Sept milliards d'heures travaillées en moins

Milliers d'heures travaillées – Emploi total – Ensemble des activités (en milliers d'heures)

	2010	2011	2012	2013	2014	2015	2016	2017	2018
Belgique	6 916 124	7 073 362	7 105 368	7 073 512	7 091 574	7 117 402	7 207 172	7 317 100	7 430 051
Allemagne	58 524 000	59 279 000	59 162 000	59 140 000	59 827 000	60 405 000	60 888 000	61 564 000	62 344 000
Espagne	33 591 317	32 787 701	31 204 366	30 249 731	30 568 913	31 527 261	32 372 429	32 976 592	33 900 466
France	41 337 553	41 825 166	41 819 500	41 498 520	41 496 047	41 620 196	41 958 886	41 912 452	42 043 304
Italie	44 015 426	44 052 477	42 946 490	41 823 237	41 794 090	42 087 292	42 742 323	43 172 843	43 641 891
Pays-Bas	12 462 962	12 575 696	12 464 675	12 354 566	12 438 319	12 558 566	12 853 858	13 115 340	13 407 608
Autriche	6 826 978	6 957 481	6 929 485	6 886 950	6 907 708	6 879 494	7 022 609	7 137 454	7 256 364
Suède	7 353 770	7 499 130	7 488 870	7 515 610	7 624 480	7 740 260	7 943 530	8 061 620	8 231 970
Royaume-Uni	47 643 888	48 274 745	49 233 127	50 113 903	51 506 655	51 854 295	53 094 753	53 567 554	54 028 651

(Source : Eurostat)

Chapitre 3 : 2 millions d'emplois en moins dans l'industrie depuis 1980

L'évolution de l'emploi salarié dans l'industrie par sous-secteurs entre 1989 et 2017

Sous-secteurs de l'industrie	1989	2003	1989/2003	2017	2003/2017	1989/2017
Industries alimentaires	563	591	4,97 %	570	– 3,55 %	1,24 %
Cokéfaction et raffinage	21	14	– 33,33 %	9	– 35,71 %	– 57,14 %
Fabrication de produits informatiques, électroniques et optiques	204	170	– 16,67 %	131	– 22,94 %	– 35,78 %
Fabrication d'équipements électriques	173	145	– 16,18 %	108	– 25,52 %	– 37,57 %
Fabrication de machines et équipements	275	229	– 16,73 %	178	– 22,27 %	– 35,27 %
Industrie automobile	310	297	– 4,19 %	192	– 35,35 %	– 38,06 %
Fabrication d'autres matériels de transport	173	136	– 21,39 %	155	13,97 %	– 10,40 %
Fabrication de textiles	443	202	– 54,40 %	106	– 47,52 %	– 76,07 %
Travail du bois et fabrication d'articles en bois, etc.	353	279	– 20,96 %	181	– 35,13 %	– 48,73 %
Industrie chimique	232	178	– 23,28 %	140	– 21,35 %	– 39,66 %
Industrie pharmaceutique	89	90	1,12 %	81	– 10 %	– 8,99 %
Fabrication de produits en caoutchouc et en plastique	383	353	– 7,83 %	266	– 24,65 %	– 30,55 %
Métallurgie	580	489	– 15,69 %	379	– 22,49 %	– 34,66 %
Fabrication de meubles	425	350	– 17,65 %	276	– 21,14 %	– 35,06 %
Extraction de houille et de lignite	66	31	– 53,03 %	21	– 32,26 %	– 68,18 %
Production et distribution d'électricité, de gaz, de vapeur et d'air conditionné	184	170	– 7,61 %	172	1,18 %	– 6,52 %
Captage, traitement et distribution d'eau	77	155	101,30 %	215	38,71 %	179,22 %
Ensemble	4 551	3 879	– 14,77 %	3 180	– 18,02 %	– 30,13 %

Données de l'emploi salarié (hors intérim) en milliers de personnes pour la France métropolitaine.

(Source : Insee et DGE (Chiffres clés de l'industrie)

Chapitre 4 : 82 milliards de déficit commercial

Solde de la balance commerciale dans quelques pays de l'Union européenne en 2020, en milliards d'euros

Pays	Solde de la balance commerciale
Allemagne	183,2
Irlande	70,8
Pays-Bas	68,5
Italie	63,6
Belgique	20,7
République tchèque	18,5
Pologne	12,0
Danemark	9,5
Suède	5,1
Hongrie	4,3
Bulgarie	– 2,7
Autriche	– 3,2
Chypre	– 4,8
Luxembourg	– 6,2
Croatie	– 8,4
Portugal	– 14,1
Espagne	– 15,8
Grèce	– 18,0
Roumanie	– 18,7
France	**– 82,6**

(Source : Eurostat)

Solde commercial de la France (biens), bilan annuel 2020

SOLDES PAR ZONE GÉOGRAPHIQUE (EN MILLIARDS D'EUROS)						
	2000	**2010**	**2017**	**2018**	**2019**	**2020**
Union européenne	**1,2**	**-37,4**	**-49,1**	**-47,5**	**-45,3**	**-45,9**
dont Allemagne	*-6,4*	*-16,2*	*-17,3*	*-16,1*	*-15,3*	*-11,0*
Pays tiers	**-14,4**	**-31,9**	**-27,1**	**-34,1**	**-32,6**	**-36,2**
Europe hors UE	0,5	-5,5	2,6	2,2	5,8	8,0
dont Royaume-Uni	*5,2*	*6,2*	*9,4*	*12,1*	*12,8*	*9,9*
Amérique	1,1	-2,5	0,8	5,0	7,3	1,9
dont États-Unis	*-1,3*	*-4,6*	*-1,5*	*1,7*	*2,9*	*1,2*
Asie	-17,7	-28,3	-29,8	-31,8	-34,9	-43,5
dont Chine	*-7,3*	*-26,5*	*-31,0*	*-30,3*	*-32,3*	*-38,9*
Afrique	4,6	2,9	2,8	-1,6	-0,2	3,1
Proche et Moyen-Orient	-0,6	6,8	5,0	2,2	2,9	5,2
Ensemble	**-13,6**	**-69,2**	**-76,2**	**-81,5**	**-77,9**	**-82,1**

(Source : DGDDI – données CAF/FAB, hors matériel militaire et hors estimation des données sous le seuil)

Chapitre 5 : 8e rang en Europe pour les investissements étrangers

Top 10 et top 6 des pays d'accueil des investissements étrangers annoncés en Europe en 2020, par montants et par créations d'emplois

Par montants

Rang	Pays	Nombre de projets	Évolution 2019/2020
1	France	985	– 18 %
2	Royaume-Uni	975	– 12 %
3	Allemagne	930	– 4 %
4	Espagne	354	– 27 %
5	Belgique	227	– 15 %
6	Pologne	219	10 %
7	Turquie	208	18 %
8	Pays-Bas	193	– 24 %
9	Irlande	165	– 14 %
10	Portugal	154	– 3 %

Par nombre d'emplois créés

Position classement EY	Pays	Nb de projets	Nb d'emplois créés par projet	Nb d'emplois créés en tout	Classement en fonction des emplois créés
1	France	985	34	33 490	4
2	Royaume-Uni	975	61	59 475	1
3	Allemagne	930	48	44 640	3
4	Espagne	354	135	47 790	2
6	Pologne	219	123	26 937	5

(Source : EY, Baromètre de l'Attractivité de la France 2021)

Chapitre 6 : 90 % des nouvelles entreprises créées avec… un seul salarié

Créations d'entreprises (industrie et services marchands, sauf les activités des sociétés holding) en nombre

	2014	2015	2016	2017
Allemagne	202 984	198 135	188 788	189 464
France	339 075	328 884	346 804	375 966
Royaume-Uni	316 540	343 550	371 370	345 445

Créations d'entreprises (industrie et services marchands, sauf les activités des sociétés holding) comptant zéro salarié, en nombre et en pourcentage des créations

	2014	2015	2016	2017
Allemagne	148 017	148 159	135 483	134 576
France	291 015	281 369	313 809	331 957
Royaume-Uni	31 120	29 025	29 710	32 140

	2014	2015	2016	2017
Allemagne	73 %	75 %	72 %	71 %
France	86 %	86 %	90 %	88 %
Royaume-Uni	10 %	8 %	8 %	9 %

(Source : Eurostat)

Partie II : Repoussoir

Chapitre 7 : Deux millions et demi de Français partis… à l'étranger

Nombre de Français inscrits sur les registres des Français établis hors de France rapporté à la population française

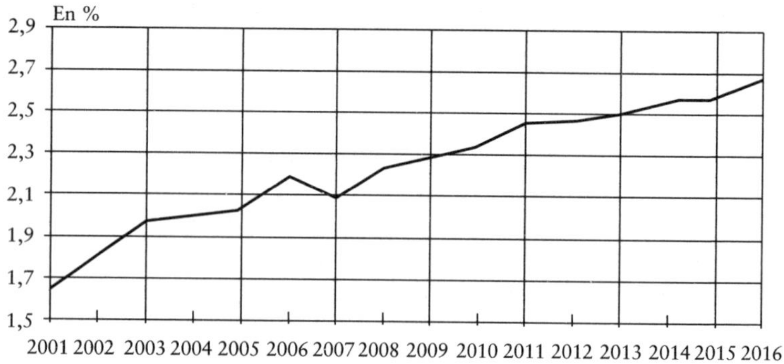

Répartition des Français actifs à l'étranger

	En %
Cadres d'entreprises	33
Personnels de la fonction publique et assimilés	32
Employés techniciens, professions intermédiaires, commerciaux, ouvriers	15
Professions libérales	9
Chefs d'entreprise (de 10 salariés et plus)	6
Commerçants et artisans	4
Autres	1
Total	**100**

(Source : Ministère des Affaires étrangères. Coe-Rexecode)

Chapitre 8 : 483 taxes, impôts et cotisations

Répartition des 483 taxes et impôts

<table>
<tr><td>Nombre
de prélèvements
obligatoires en France</td><td colspan="4">483</td></tr>
<tr><td rowspan="3">dont</td><td>Impôts</td><td colspan="3">214</td></tr>
<tr><td>Taxes</td><td colspan="3">159</td></tr>
<tr><td>Cotisations</td><td colspan="3">110</td></tr>
<tr><td colspan="2" rowspan="5">dont</td><td>Cotisations employeurs</td><td colspan="2">28</td></tr>
<tr><td>Cotisations salariales</td><td colspan="2">19</td></tr>
<tr><td>Cotisations non salariés et inactifs</td><td colspan="2">10</td></tr>
<tr><td>Majorations et pénalités</td><td colspan="2">18</td></tr>
<tr><td>Contributions sociales</td><td colspan="2">35</td></tr>
<tr><td colspan="3" rowspan="2">dont</td><td>Contributions employeurs</td><td>11</td></tr>
<tr><td>Contributions salariales</td><td>24</td></tr>
</table>

(Source : Fondation iFRAP)

Chapitre 9 : 25 milliards d'impôts en plus pour les ménages

Évolution entre 2017 et 2019 par impôts directs
(en milliards €)

Décile de RDB	IR et PRCM	CSG CRDS et autres prélèvements sociaux	Taxe foncière	Taxe d'habitation	ISF	DMTG	Total des impôts directs sur les ménages
Inf. à D1	0,0	0,3	0,0	0,0	0,0	0,0	**0,3**
D1 à D2	0,0	0,7	0,0	−0,1	0,0	0,0	**0,6**
D2 à D3	0,0	1,1	0,0	−0,3	−0,1	0,0	**0,8**
D3 à D4	0,0	1,5	0,1	−0,5	−0,1	0,0	**1,1**
D4 à D5	0,0	2,0	0,1	−0,7	−0,1	0,0	**1,4**
D5 à D6	0,0	2,6	0,1	−1,2	−0,2	0,1	**1,5**
D6 à D7	0,1	3,2	0,1	−1,4	−0,4	0,1	**1,8**
D7 à D8	0,2	3,9	0,1	−1,1	−0,5	0,1	**2,8**
D8 à D9	0,5	4,9	0,2	−0,3	−0,4	0,1	**5,1**
Sup à D9	1,9	8,6	0,3	0,1	−1,4	0,5	**10,0**
Ensemble	**2,7**	**29,0**	**1,1**	**−5,4**	**−3,0**	**1,0**	**25,3**

(Source : Insee, Comptes nationaux)

Chapitre 10 : 150 milliards d'impôts à payer en plus pour nos entreprises par rapport à la zone euro

Écarts de prélèvements obligatoires entre la France et le reste de la zone euro (hors France) de 2016 à 2019 (en points de PIB et en Mds €)

	En pts de PIB		En milliards €	
	2016	**2019**	**2016**	**2019**
Taxes indirectes	**3,7**	**4,6**	**81,7**	**112,5**
TVA	0,1	0,3	3,1	7,8
Taxes sur les importations	-0,5	-0,5	-11,2	-12,5
Taxes sur les produits	1,1	1,5	23,8	36,2
Taxes de production	3,0	3,3	66,2	80,9
Taxes sur les revenus des personnes physiques	**-0,5**	**-0,1**	**-11,9**	**-2,0**
Taxes sur les sociétés et les autres personnes morales	**0,0**	**0,2**	**0,0**	**4,3**
Autres (impôts courants et impôts sur le capital)	**0,9**	**0,7**	**20,9**	**16,8**
Cotisations sociales effectives	**3,3**	**1,2**	**74,0**	**30,2**
Cotisations sociales effectives à la charge des employeurs	4,3	3,0	95,0	72,4
Cotisations sociales effectives à la charge des ménages	-0,9	-1,7	-21,0	-42,3
Moins : transferts en capital	**-0,3**	**-0,3**	**-6,5**	**-6,3**
Total des prélèvements obligatoires	**7,1**	**6,4**	**158,0**	**155,4**

(Source : National Tax List 2021)

Partie III : Soumission

Chapitre 11 : 2 950 milliards d'euros de dette publique

Évolution du montant total de l'endettement public annuel 1978-2022

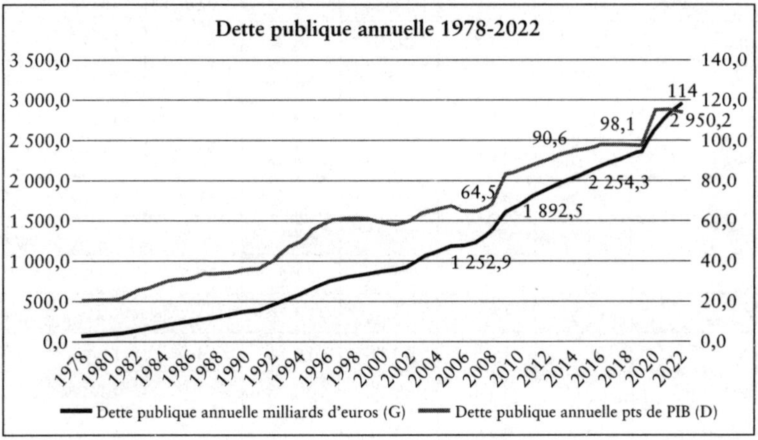

(Source : Insee)

Chapitre 12 : 200 à 300 milliards de dette publique française détenus en Chine ?

Évaluation de la dette publique française détenue à l'étranger

% of total debt	2019Q2	2019Q3	2019Q4	2020Q1	2020Q2	2020Q3	2020Q4
Australia	42 %	41 %	39 %	34 %	35 %	39 %	41 %
Austria	69 %	69 %	67 %	66 %	66 %	65 %	64 %
Belgium	58 %	60 %	56 %	57 %	57 %	58 %	56 %
Canada	25 %	24 %	24 %	25 %	23 %	23 %	23 %
Czech Republic	42 %	41 %	38 %	40 %	38 %	36 %	32 %
Denmark	28 %	28 %	26 %	26 %	33 %	34 %	33 %
Finland	64 %	63 %	62 %	64 %	64 %	62 %	61 %
France	50 %	51 %	49 %	49 %	48 %	49 %	49 %
Germany	48 %	48 %	48 %	48 %	44 %	43 %	43 %
Greece	90 %	90 %	89 %	89 %	86 %	85 %	84 %
Ireland	68 %	67 %	68 %	68 %	68 %	65 %	64 %
Italy	30 %	31 %	32 %	31 %	30 %	30 %	30 %
Japan	13 %	13 %	13 %	13 %	13 %	13 %	14 %
Korea	13 %	14 %	14 %	14 %	14 %	15 %	15 %
Netherlands	40 %	40 %	39 %	40 %	42 %	40 %	38 %
New Zealand	46 %	46 %	45 %	42 %	32 %	28 %	26 %
Norway	44 %	43 %	50 %	50 %	47 %	46 %	50 %
Portugal	52 %	52 %	52 %	52 %	50 %	50 %	49 %
Slovenia	62 %	63 %	60 %	61 %	61 %	59 %	58 %
Spain	48 %	50 %	49 %	48 %	46 %	45 %	44 %
Sweden	23 %	22 %	21 %	16 %	16 %	15 %	20 %
Switzerland	13 %	13 %	13 %	12 %	11 %	9 %	8 %
United Kingdom	26 %	27 %	28 %	28 %	26 %	25 %	25 %
United States	30 %	29 %	29 %	29 %	25 %	25 %	24 %

(Source : FMI)

Tableau de synthèse des dettes publiques et privées par État (2019)

	Dette publique (t4 2019 en % du PIB)	Dette publique (t4 2020 en % du PIB)	Dette privée (t4 2019 en % du PIB)	Dette privée (t4 2020 en % du PIB)	Total (2019)	Total (2020)
Grèce	176,6 %	205,6 %	110,4 %	125,1 %	287,0 %	330,7 %
Italie	134,6 %	155,8 %	106,6 %	—	241,2 %	—
Portugal	117,7 %	133,6 %	149,5 %	161,3 %	267,2 %	294,9 %
Espagne	95,5 %	120,0 %	129,5 %	147,4 %	225,0 %	267,4 %
France	97,6 %	115,7 %	152,6 %	156 %	250,2 %	271,7 %
Belgique	98,6 %	114,1 %	181,2 %	202,4 %	279,8 %	316,5 %
Royaume-Uni	85,3 %	104,5 %	140,7 %	153,3 %	226 %	257,8 %
UE 27	77,8 %	92,25 %	133,2 %	—	211 %	—
Autriche	70,4 %	83,9 %	120,1 %	—	190,5 %	—
Hongrie	66,3 %	80,4 %	67,0 %	76,0 %	133,3 %	156,4 %
Allemagne	59,7 %	69,8 %	100,0 %	109,6 %	159,7 %	179,4 %
Finlande	59,4 %	69,2 %	146,9 %	154,0 %	206,3 %	223,2 %
Slovaquie	48,0 %	60,6 %	91,5 %	96,8 %	139,5 %	157,4 %
Irlande	58,8 %	59,5 %	202,4 %	—	261,2 %	—
Pologne	46,0 %	57,5 %	73,8 %	75,9 %	119,8 %	133,4 %
Pays-Bas	48,6 %	54,5 %	234,0 %	—	282,6 %	—
Roumanie	35,2 %	47,3 %	46,8 %	48,2 %	82,0 %	95,5 %
Danemark	33,2 %	42,2 %	222,1 %	—	255,3 %	—
Suède	35,1 %	39,9 %	203,2 %	216,0 %	238,3 %	255,9 %
République Tchèque	30,8 %	38,1 %	80,9 %	—	111,7 %	—
Bulgarie	20,4 %	25,0 %	91,8 %	—	112,2 %	—
Luxembourg	22,1 %	24,9 %	318,7 %	—	340,8 %	—

(Source : Banque de France)

Chapitre 14 : 200 milliards de déficit, plus haut historique en sortie de crise

Évolution du solde public 1974-2022

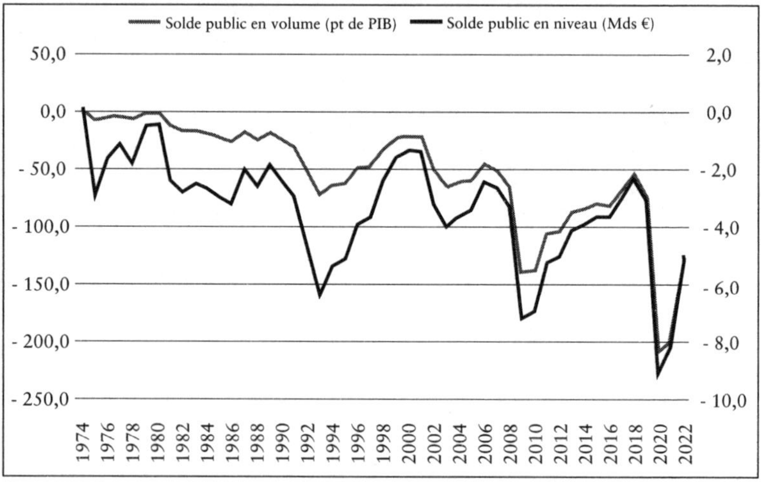

(Source : Insee)

Chapitre 15 : 1 454 milliards de dépenses publiques

Évolution des dépenses publiques entre 2019 et 2022

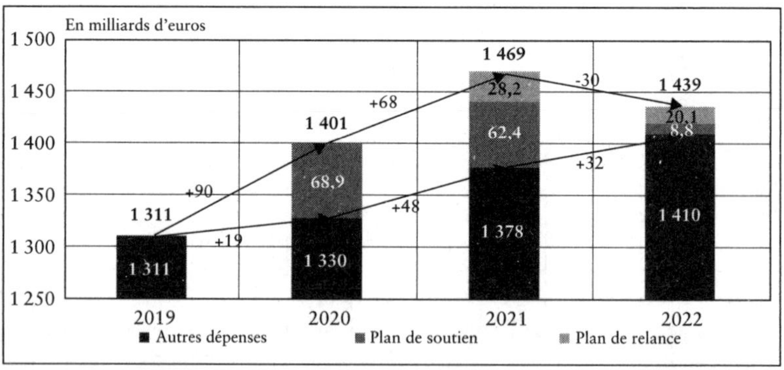

(Source : Haut Conseil des finances publiques, septembre 2021)

Évolution de la dépense publique (composantes courantes et exceptionnelles)[1]

	2017	2018	2019	2020	2021	2022
Dépenses publiques totales y.c. CI pt de PIB	56,5	55,6	55,4	61,6	60,3	56,3
Dépenses publiques totales y.c. CI en Mds €	1 298,0	1 315,1	1349,3	1 419,6	1483,5	1459,8
Dépenses publiques hors CI en pt de PIB	55,1	54,0	53,8	60,8	59,7	55,7
Dépenses publiques hors CI en Mds €	1 266,2	1 275,4	1311,1	1400,7	1467,4	1444,0
Dépenses publiques hors CI, hors mesures de soutien	55,1	54	53,8	57,8	56,2	54,5
En niveau en Mds €	1 266,2	1 275,4	1 311,1	1 330,0	1 378,0	1 410,0

(Source : Actualisation des dépenses dans le cadre du PLFR 2 2021 et révision du PLF 2022)
CI : crédits d'impôts

1. Le niveau total des dépenses publiques diffère de celui affiché dans le tableau plus haut hors « mesures de soutien » à cause des nouvelles mesures gouvernementales adoptées par amendement au PLF 2022 et dans le cadre de la LFR 2 2021 présentée début novembre 2021.

Partie IV : Bureaucratie

Chapitre 16 : 120 000 postes en moins ou en plus ?

Différentes comptabilisations des effectifs entre la DGAFP et l'Insee hors emplois aidés

Effectifs dans la fonction publique (hors emplois aidés)	2017	2018	2019	2020	Var 20-17 / 19-17
Effectifs physiques à partir de l'enquête emploi INSEE	5 525 902	5 564 320	5 611 260	5 647 860	**121 958**
dont fonction publique de l'État	2 450 249	2 470 283	2 491 487		41 238
dont fonction publique territoriale	1 902 237	1 915 415	1 935 435		33 198
dont fonction publique hospitalière	1 173 416	1 178 622	1 184 338		10 922
Effectifs en ETP (DGAFP)	**5 141 877**	**5 174 943**	**5 207 038**		**65 161**
dont fonction publique de l'État	2 330 236	2 344 592	2 346 920		16 684
dont fonction publique territoriale	1 724 479	1 737 887	1 762 936		38 457
dont fonction publique hospitalière	1 087 163	1 092 464	1 097 183		10 020
Effectifs en EQTP annualisé (INSEE)	**5 202 128**	**5 239 651**	**5 282 711**		**80 583**
dont fonction publique de l'État	2 336 516	2 351 150	2 373 267		36 751
dont fonction publique territoriale	1 770 940	1 787 726	1 805 554		34 614
dont fonction publique hospitalière	1 094 672	1 100 776	1 103 890		9 218

(Source : Jaune budgétaire *État de la fonction publique et des rémunérations*, 2020-2022)

Chapitre 17 : 650 milliards d'euros de coût de production de nos services publics

Coût de production des services publics, en pourcentage du PIB

En % du PIB (2018)	Coût de production total *Total production costs*	Rémunération des employés *Compensation of government employees*	Coût de production des biens et services externalisés *Costs of goods and services used and financed by government*	Autres coûts de production *Other production costs*
SWE	30,0	12,7	11,6	5,7
FIN	29,2	12,3	13,6	3,4
DNK	28,1	15,3	10,2	2,6
NOR	27,2	14,7	9,0	3,5
NLD	27,3	8,2	15,9	3,1
FRA	27,1	12,5	11,0	3,6
BEL	26,3	12,3	12,0	2,0
HUN	22,7	10,5	9,0	3,2
SVK	23,6	9,3	10,4	3,9
AUT	23,4	10,4	10,0	2,9
GRC	21,9	11,8	6,5	3,6
DEU	23,0	7,6	13,2	2,2
CZE	23,0	9,8	9,2	4,0
SVN	21,7	10,9	8,2	2,6
ITA	21,2	9,8	8,2	3,3
GBR	20,8	9,0	10,4	1,5
PRT	20,6	10,8	7,2	2,6
ESP	20,5	10,5	7,6	2,4
POL	20,0	10,1	7,5	2,4
IRL	13,7	7,0	5,4	1,2
Moyenne	23,6	10,8	9,8	3,0

(Source : OCDE)

Chapitre 18 : 60 000 guichets publics, dont 55 000 adresses uniques

**54 090 points d'accueil physique
de services publics en France,
soit plus de 500 points d'accueil par département**

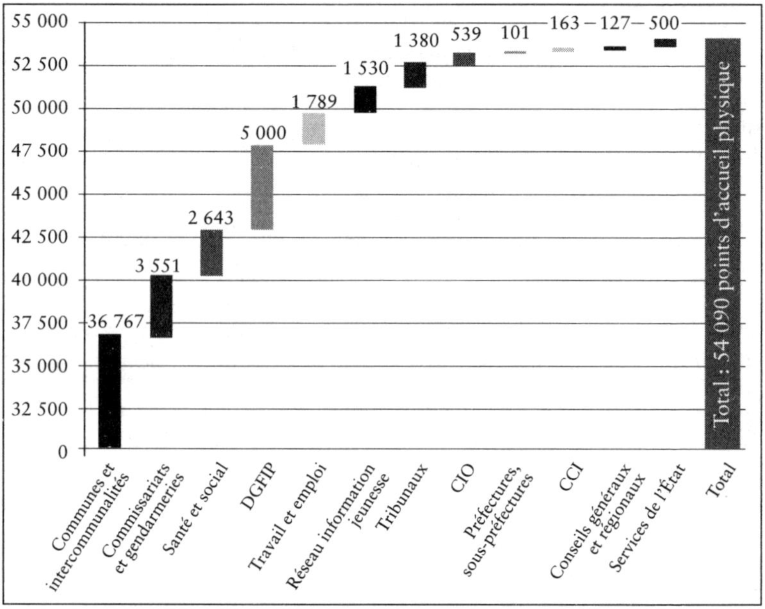

(Source : Annuaire de l'administration, site service-public.fr)

Chapitre 19 : Deux millions de cartes Vitales surnuméraires

Estimation de la fraude sociale en France

Type de fraudes (volontaires et non volontaires)	Estimations du risque
Fraudes sur les prestations non contributives	10 milliards d'euros
Versements de prestations non dues (erreur administrative dont indus très partiellement récupérés)	14 milliards
Fraudes aux numéros de Sécurité sociale	2 à 2,7 milliards d'euros
Fraudes sur les cartes Vitales « fantômes »	5,8 milliards d'euros
Fraudes aux cotisations sociales	7 à 25 milliards d'euros
Estimation de la fraude sociale : 20 milliards d'euros potentiels*	

* Les sommes listées ci-dessus se recoupent potentiellement et sont basées sur des estimations de la fraude détectée et non détectée, sur le versement d'indus (recouvrés et non recouvrés) ainsi que sur le nombre de numéros de Sécurité sociale et de cartes Vitales en trop et potentiellement actifs.

(Source : Fondation iFRAP)

Partie V : Inactivité

Chapitre 20 : 11 % d'économie grise

**Estimation de l'économie non observée
méthode MIMIC année 2017**

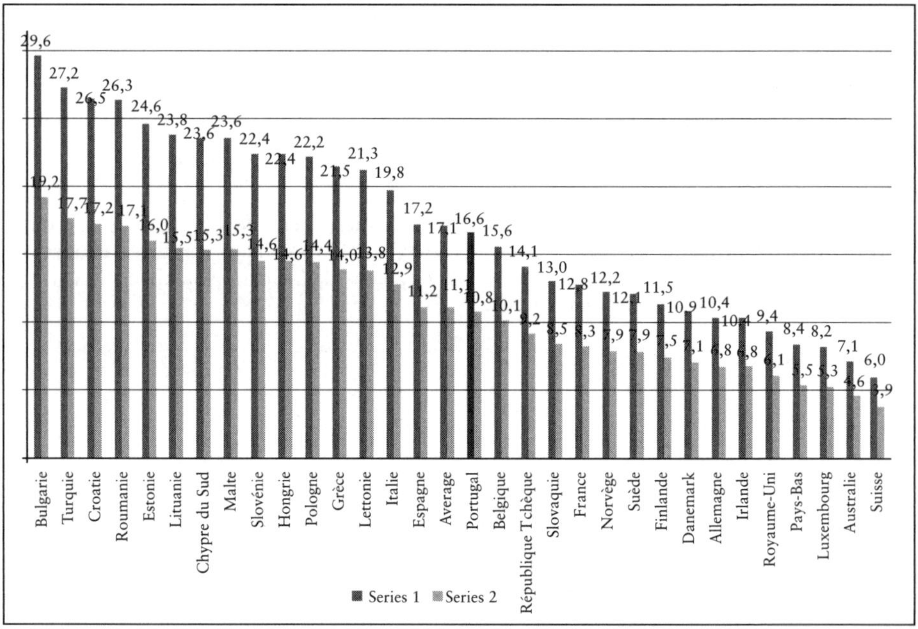

(Source : FMI)

Chapitre 21 : 8,1 % de chômeurs ou plus de 13 % ?

Chômage et halo du chômage en 2019 dans les pays de l'UE 14

	Chômage (en % de la population active)	Halo du chômage (en % de la population active élargie)
Allemagne	3,8	4,2
Pays-Bas	3,8	5,8
Autriche	5,4	8,8
Irlande	5,7	9,9
Danemark	5,6	8,0
Belgique	5,6	6,5
Luxembourg	6,8	9,0
Portugal	6,9	5,4
Finlande	7,8	7,4
Suède	8,3	5,3
France	8,0	5,0
Italie	9,2	12,6
Espagne	15,5	5,6
Grèce	16,3	3,8
Union européenne à 14	7,6	6,5

(Source : Eurostat)

Chapitre 22 : 1,7 actif pour un retraité

Rapport entre les effectifs de personnes en emploi et les effectifs de retraités de droit direct

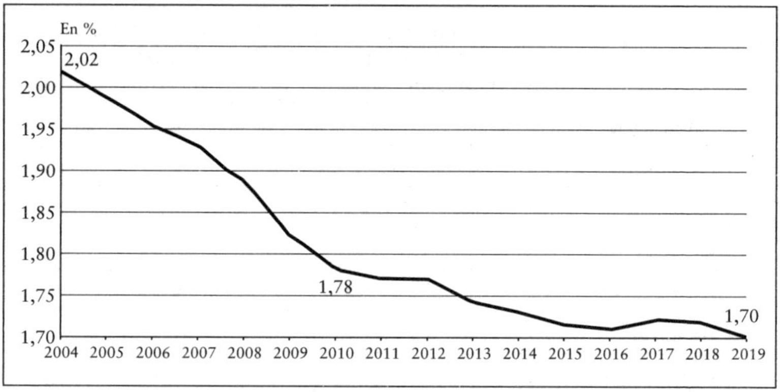

(Source : Rapport DREES 2021 sur les retraites en France)

Taux d'emploi des travailleurs âgés de 55 à 59 ans, de 60 à 64 ans et de 65 à 69 ans en 2018

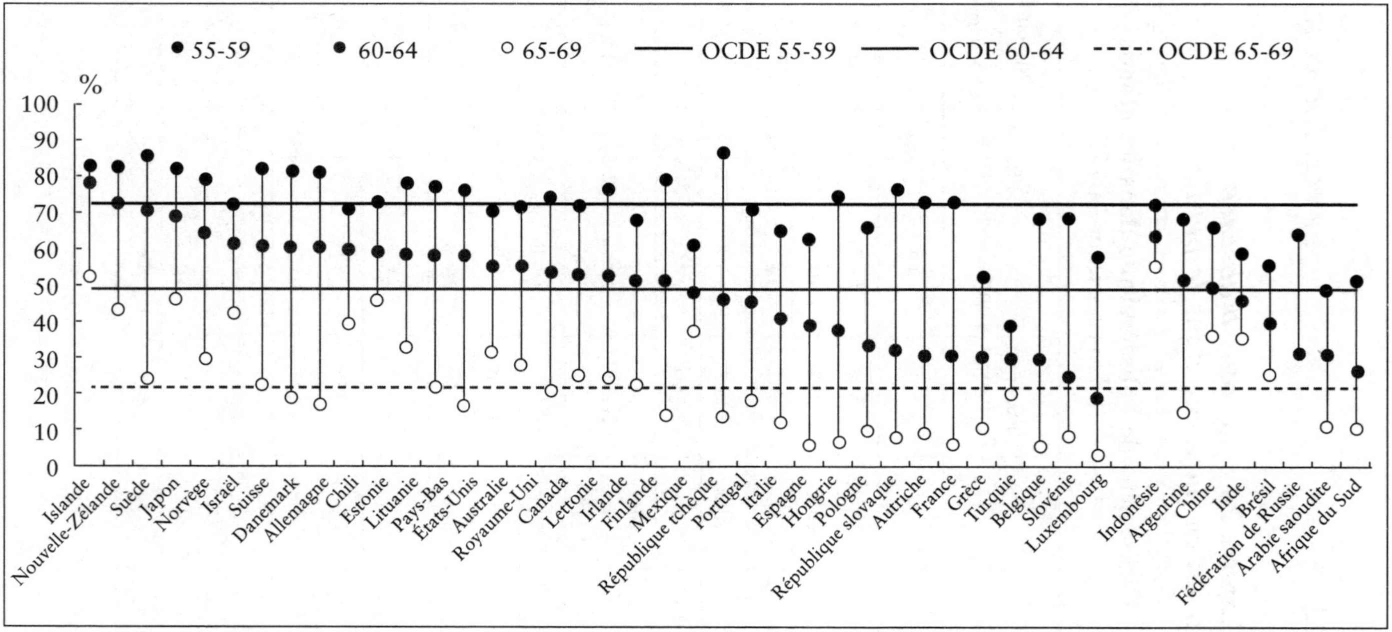

(Source : OCDE)

Chapitre 24 : 25 jours d'absence par an en moyenne dans le public

Classement de l'absentéisme dans les grandes villes (bilans sociaux 2017)

Villes		Effectif Permanent	% contractuel	Effectif total	Nb jours abs MO* / agent	Nb jours total hors parentalité / agent
Aix-en-Provence	ville	2 221	*4 %*	2 863	16,2	27,5
Amiens	métro	3 214	*11 %*	4 528	13,4	37,2
Angers	ville	2 892	*20 %*	3 357	10,2	31,7
Annecy	ville	2 761	*24 %*	3 055	14,7	26,0
Antibes	ville	2 062	*5 %*	2 188	16,4	28,2
Argenteuil	ville	2 250	*27 %*	2 520	18,5	34,9
Aulnay-sous-Bois	ville + CCAS	2 199	*18 %*	2 351	12,8	32,5
Avignon	ville	2 140	*14 %*	2 186	17,7	39,5
Béziers	ville	1 488	*5 %*	1 879	22,2	37,7
Bordeaux	ville	3 448	*10 %*		25,1	36,3
Boulogne-Billancourt	ville	1 824	*23 %*	2 425	0,0	21,5
Caen	ville	1 046	*6 %*	1 463	18,9	32,3
Calais	ville	1 127	*5 %*	1 482	15,2	37,1
Clermont-Ferrand	ville	1 935	*4 %*	2 280	17,0	38,7
Courbevoie	ville	1 770	*19 %*	1 843	13,9	30,3
Créteil	ville	1 769	*10 %*	2 060	22,1	37,7

Villes		Effectif Permanent	% contractuel	Effectif total	Nb jours abs MO* / agent	Nb jours total hors parentalité / agent
Fort-de-France	ville	1 965	*1 %*	2 000	20,4	41,5
Grenoble	ville	2 822	*9 %*	2 930	23,5	37,6
Issy	ville	990	*11 %*	1 468	14,0	32,4
Le Havre	ville	3 108	*9 %*	3 738	15,1	32,8
Le Mans	ville	1 735	*6 %*	2 519	15,6	27,8
Le Tampon	ville	884	*47 %*	1 881	10,6	21,3
Lille	ville	4 568	*11 %*	6 762	15,7	30,9
Lyon	ville	7 270	*16 %*	8 662	20,8	26,8
Marseille	ville	12 002	*5 %*	12 252	18,2	35,8
Mérignac	ville	1 056	*9 %*	1 267	28,0	45,9
Metz	ville	1 880	*8 %*	2 535	15,0	21,6
Montpellier	ville	4 021	*11 %*	4 795	24,9	40,7
Montreuil	ville	2 317	*23 %*	2 970	17,6	36,2
Mulhouse	ville	1 500	*13 %*	1 834	18,7	30,3
Nancy	ville	1 223	*5 %*	1 524	13,1	23,0
Nanterre	ville + CCAS	2 506	*9 %*		18,6	35,3
Nantes	ville + CCAS	3 781	*6 %*	4 081	20,3	34,6
Nice	ville	5 786	*15 %*	7 586	18,9	28,9
Nîmes	ville	2 340	*3 %*	2 780	16,6	20,0
Orléans	ville	2 524	*23 %*	2 760	11,6	19,1

Villes		Effectif Permanent	% contractuel	Effectif total	Nb jours abs MO* / agent	Nb jours total hors parentalité / agent
Pau	ville	1 430	*7 %*	1 712	17,7	31,6
Perpignan	ville	2 174	*4 %*	2 449	19,2	37,1
Poitiers	ville	885	*2 %*	1 313	16,5	32,0
Reims	ville	1 801	*5 %*	2 058	19,6	33,5
Rennes	ville	3 076	*10 %*	4 011	19,7	29,2
Rouen	ville	1 913	*9 %*	2 602	15,6	37,1
Saint-Denis (93)	ville	2 407	*16 %*	3 444	18,8	52,1
Saint-Denis (Réunion)	ville	2 656	*71 %*	2 763	11,0	21,8
Saint-Étienne	ville	3 253	*7 %*	4 412	21,0	31,2
Strasbourg	euro-métropole	6 643	*8 %*	8 173	20,5	32,0
Toulon	ville	3 026	*5 %*	4 042	16,8	50,6
Toulouse	ville	6 752	*2 %*	8 570	19,6	43,2
Tourcoing	ville	1 532	*0 %*	1 717	20,6	41,4
Tours	ville	2 148	*13 %*	3 011	13,9	29,7
Versailles	ville	1 643	*17 %*	2 058	11,9	25,5
Vitry-sur-Seine	ville	2 155	*17 %*	2 469	15,9	36,2
Moyenne		**141 918**	***12 %***	**165 628**	17,8	33,4

* MO : maladie ordinaire
(Source : Fondation iFRAP)

Chapitre 25 : Deux fois plus de syndiqués dans le public que dans le privé

	France métropolitaine			France entière		
2016	**Ensemble des salariés**	**Fonction publique**	**Marchand et associatif**	**Ensemble des salariés**	**Fonction publique**	**Marchand et associatif**
Ensemble	**10,8**	**18,7**	**8,4**	**11,0**	**19,1**	**8,4**
Sexe						
Hommes	11,8	21,4	9,7	12,0	21,7	9,9
Femmes	9,8	17,1	6,7	10,0	17,5	6,8
Âge						
Moins de 30 ans	3,6	4,9	3,3	3,7	5,6	3,3
30 à 39	9,2	17,0	7,2	9,3	17,1	7,2
40 à 49	13,0	21,3	10,1	13,3	21,7	10,3
50 ou plus	14,6	23,8	11,4	14,9	24,4	11,5
Catégories sociales						
Cadres	11,0	23,2	6,2	11,2	23,5	6,3
Professions intermédiaires	12,1	16,8	10,3	12,3	17,3	10,3
Employés	10,6	17,3	7,9	10,8	17,9	7,9
Ouvriers	9,6	20,7	8,7	9,7	20,7	8,8

Lecture : en 2016, en France (hors Mayotte) 11,0 % des salariés déclarent adhérer à un syndicat ; 12,0 % des hommes et 10,0 % des femmes.
Champ : salariés de plus de 15 ans, France entière (hors Mayotte) et France métropolitaine.
(Source : Dares-DGAFP-Dress-Insee. Enquête Risques psychosociaux et conditions de travail 2016)

Partie VI : Pauvreté

Chapitre 26 : Deux fois moins de milliardaires qu'en Allemagne

Effectifs des plus fortunés à partir d'une fortune nette d'un million de dollars

	Nombre de personnes, Knight Frank Wealth Report 2020			
	HNWI (High net Wealth Individuals) (US$ 1 M+)			
	2014	2018	2019	2024
France	1 795 652	2 106 033	2 120 079	2 805 689
Allemagne	1 679 363	2 220 557	2 208 163	2 675 328
Italie	1 484 981	1 399 179	1 455 492	1 972 163
Royaume-Uni	1 886 849	2 168 557	2 240 146	3 734 949
États-Unis	14 412 290	15 378 566	16 456 543	18 520 290
	UHNWIs (Ultra High net Wealth Individuals) (US$ 30 M+)			
	2014	2018	2019	2024
France	17 524	17 399	18 776	22 728
Allemagne	18 490	22 884	23 078	26 819
Italie	10 637	8 862	10 701	12 508
Royaume-Uni	13 763	13 870	14 367	18 818
États-Unis	175 531	227 132	240 575	293 136
	Billionaires (US$)			
	2014	2018	2019	2024
France	48	45	50	58
Allemagne	96	128	129	147
Italie	44	42	44	50
Royaume-Uni	68	68	71	96
États-Unis	518	632	631	711

(Source : Knight Frank Wealth Report 2020)

Chapitre 27 : 7,1 % de travailleurs pauvres en France contre 3,7 % en Allemagne

Les travailleurs pauvres dans les pays de l'OCDE

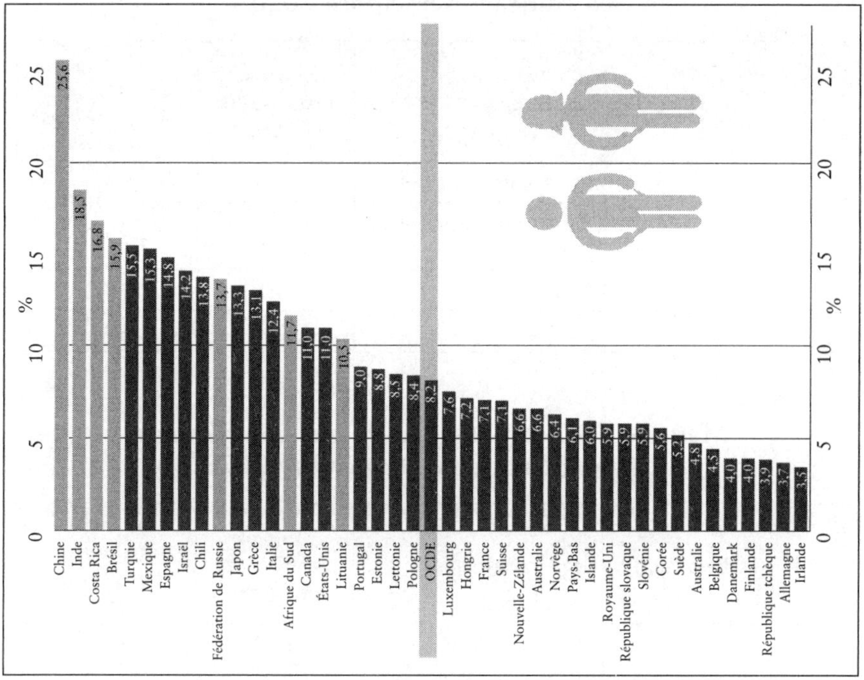

(Source : OCDE)

Chapitre 28 : Un jeune sur vingt illettré, 100 000 jeunes qui sortent sans diplôme

Maîtrise des connaissances et des compétences en français, septembre 2020

Type d'établissement		Maîtrise insuffisante et fragile	Maîtrise satisfaisante et très bonne maîtrise
	Privé sous contrat	5,0	95,0
	Public hors Éducation Prioritaire	10,3	89,7
Éducation Prioritaire	REP	21,8	78,2
	REP +	32,4	67,6

Maîtrise des connaissances et des compétences en mathématiques, septembre 2020

Mathématiques – caractéristiques		Maîtrise insuffisante et fragile	Maîtrise satisfaisante et très bonne maîtrise
	Privé sous contrat	16,2	83,8
	Public hors Éducation Prioritaire	26,2	73,8
Éducation Prioritaire	REP	46,1	53,9
	REP +	60,4	39,6

(Source : Repères et Statistiques 2021, Éducation Nationale. DEPP)

Jeunes, de 15 à 34 ans, sans emploi et ne participant ni à l'éducation ni à la formation, par sexe, âge et statut au regard de l'emploi (taux NEET en %)

Pays	2020
Italie	25,1
Grèce	21,3
Espagne	18,8
Hongrie	16,7
Croatie	16,1
Zone euro	15,2
Irlande	15,2
France	15,1
Chypre	15,1
Pologne	13,8
Belgique	13,4
Portugal	11,6
Finlande	11,0
Danemark	10,8
Autriche	10,6
Allemagne	9,9
Luxembourg	8,2
Norvège	7,8
Suède	7,6
Suisse	6,9
Pays-Bas	6,8

(Source : Eurostat)

Les profils de lecteurs à la Journée défense et citoyenneté 2018 (en %)

Profil	Traitements complexes	Automaticité de la lecture	Connaissance du vocabulaire	Garçons	Filles	Ensemble	En %
5d	+	+	+	59,7	64,3	62,0	Lecteurs efficaces
5c	+	-	+	16,7	14,6	15,6	77,6
5b	+	+	-	6,4	7,7	7,0	Lecteurs médiocres
5a	+	-	-	4,1	3,8	3,9	10,9
4	-	+	+	3,6	2,8	3,3	Très faibles capacités de lecture
3	-	-	+	3,9	2,2	3,0	6,3
2	-	+	-	1,8	1,8	1,8	Difficultés sévères
1	-	-	-	3,9	2,8	3,4	5,2

Avertissement : en raison de problèmes techniques, l'année 2018 marque une rupture de série par rapport aux années antérieures.
Note : par le jeu des arrondis, les totaux des colonnes peuvent être légèrement différents de 100 %.
Lecture : la combinaison des 3 dimensions de l'évaluation permet de définir 8 profils. Les profils numérotés de 1 à 4 concernent les jeunes n'ayant pas la capacité de réaliser des traitements complexes (très faible compréhension en lecture suivie, très faible capacité à rechercher des informations). Ils sont en deçà du seuil de lecture fonctionnelle. Les profils codés 5a, 5b, 5c, 5d sont au-delà de ce même seuil, mais avec des compétences plus ou moins solides, ce qui peut nécessiter des efforts de compensation relativement importants.
Champ : France métropolitaine + DOM.
(**Source** : ministère des Armées - DSNJ, MENJ-DEPP)

Chapitre 29 : Quatre fois plus de logements sociaux qu'en Allemagne

Nombre de logements sociaux locatifs en proportion du nombre total de logements

Pays	2020
Pays-Bas	34,1
Autriche	23,6
Danemark	21,4
Royaume-Uni	16,7
France	14
Union européenne	7,5
OCDE	6,9
Belgique	4,2
Italie	4,2
États-Unis	3,6
Canada	3,5
Allemagne	2,7
Portugal	2
Espagne	1,1

(Source : OCDE)

Chapitre 30 : 300 000 sans domicile fixe, 27 000 sans-abris

Décomposition du nombre de « sans domicile » en France fin 2019

	En 2019
Nombre de sans-abris	27 000
En hébergement généraliste	180 000
Dispositif national d'accueil des demandeurs d'asile	100 000
Total sans domicile	**307 000**

(Source : Fondation Abbé Pierre novembre 2020, cité par le rapport 2020-2021 du CNLE)

Chapitre 31 : 32 % de la richesse nationale, championne du monde des dépenses sociales

Dépenses de protection sociale en pourcentage du PIB

	2019
France	33,6
Allemagne	30,3
Italie	29,3
Zone euro	29,0
Belgique	28,9
Pays-Bas	28,9
Suède	27,8
Grèce	25,0
Espagne	24,1
Luxembourg	21,6

(Source : Eurostat)

Partie VII : Insécurité

Chapitre 32 : 880 homicides en 2019

Comparaisons internationales des crimes et délits

Taux d'homicide pour 100 K hab	2010	2011	2012	2013	2014	2015	2016	2017	2018	2019
Allemagne (jusqu'en 1990, ancien territoire de la RFA)	0,97	0,92	0,82	0,85	0,89	0,84	1,17	0,99	0,95	0,75
Espagne	0,84	0,83	0,77	0,65	0,69	0,65	0,63	0,66	0,62	0,71
France	1,23	1,32	1,20	1,18	1,20	1,55	1,33	1,22	1,16	1,28
Italie	0,89	0,93	0,89	0,85	0,80	0,77	0,67	0,62	0,59	0,52

(Source : Eurostat)

Viols pour 100 K hab	2010	2011	2012	2013	2014	2015	2016	2017	2018	2019
Allemagne	9,52	9,48	10,13	9,32	9,19	8,74	9,86	10,26	11,06	11,70
Espagne	2,61	2,50	2,14	2,89	2,86	2,91	3,06	3,34	3,96	3,59
France	15,63	16,01	16,68	17,03	18,44	18,66	22,51	25,61	29,84	35,23

(Source : Eurostat)

Agressions sexuelles pour 100K hab	2010	2011	2012	2013	2014	2015	2016	2017	2018	2019
Allemagne	40,83	41,50	40,54	39,68	38,82	38,16	40,54	35,20	41,44	40,68
Espagne	16,26	15,92	14,71	14,72	18,28	19,88	18,98	23,85	23,31	24,92
France	19,88	20,72	24,35	25,32	28,51	30,06	34,31	37,62	45,10	49,31

(Source : Eurostat)

Vols pour 100 K hab	2010	2011	2012	2013	2014	2015	2016	2017	2018	2019
Allemagne	1 491,38	1 590,67	1 578,00	1 600,86	1 636,98	1 661,33	1 570,39	1 401,36	1 307,46	1 235,04
Espagne	311,10	332,40	353,06	349,82	333,79	442,96	351,16	349,09	360,50	374,65
France	1 813,45	1 791,04	1 798,31	2 118,89	2 167,66	2 101,67	1 306,09	1 309,34	1 283,05	1 307,60
Italie	1 594,90	1 750,00	1 795,91	2 183,71	2 167,27	2 021,70	1 867,31	1 765,93	1 655,52	1 515,55

(Source : Eurostat)

Chapitre 33 : 113 % de surpopulation carcérale

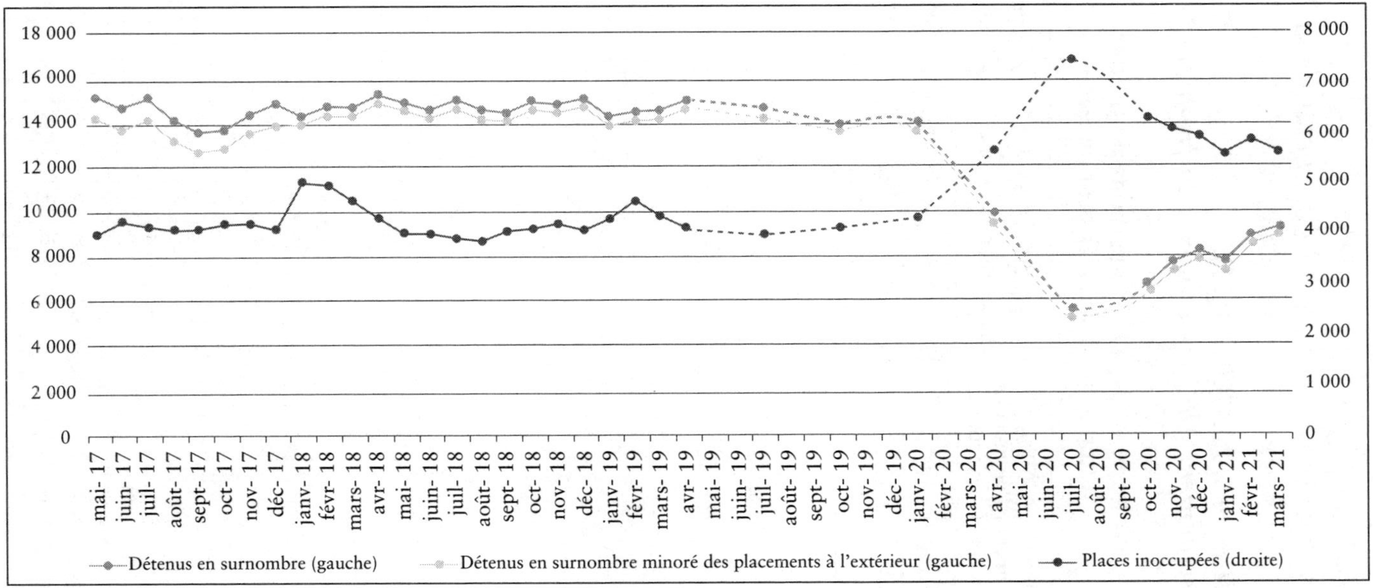

(Source : Statistiques du ministère de la Justice)

Chapitre 34 : 122 839 OQTF, mais seulement 18 906 retours à la frontière !

Nombre d'OQTF (obligations de quitter le territoire français) prononcées

	Mesures d'éloignement prononcées	Mesures d'éloignement exécutées	Taux d'exécution	OQTF prononcées	OQTF exécutées	Taux d'exécution
2017	103 940	17 567	16,9 %	85 268	11 665	13,6 %
2018	131 812	19 957	15 %	103 852	13 114	12,6 %
2019	151 181	23 746	15,6 %	122 839	15 013	12,2 %

À rapprocher des données d'exécution des mesures d'éloignement publiées par le ministère de l'Intérieur

		2010	2011	2012	2013	2014	2015	2016	2017	2018	2019	2020 provisoire	Évolution
Éloignements non aidés	retours forcés RPT*	6 401	4 015	4 136	4 656	6 515	7 039	6 539	6 909	7 348	9 060	3 544	−60,9 %
	dont vers pays tiers	*6 374*	*3 992*	*4 127*	*4 650*	*5 675*	*6 311*	*6 166*	6 602	*7 105*	*8 858*	*3 329*	−62,4 %
	réadmissions RPT	3 504	5 728	6 316	6 038	5 314	5 014	3 338	4 589	5 372	6 890	3 664	−46,8 %
	renvois forcés RUE	2129	2 804	2934	3 382	3 332	3 432	3 084	2 772	2 957	2 956	1 903	−35,6 %
	Total éloignements forcés (A)	**12 034**	**12 547**	**13 386**	**14 076**	**15 161**	**15 485**	**12 961**	**14 270**	**15 677**	**18 906**	**9 111**	−51,8 %
	retours spontanés RPT	3 437	5 363	6 645	5 377	4 060	2 791	2 150	1 861	1 878	1 750	1 259	−28,1 %
	renvois spontanés RUE**	855	1 418	1 810	1 400	721	597	537	358	332	338	356	5,3 %
	Total éloignements spontanés (B)	**4 292**	**6 781**	**8 455**	**6 777**	**4 781**	**3 388**	**2 687**	**2 219**	**2 210**	**2 088**	**1 615**	−22,7 %
Total éloignements non aidés (A) + (B)		**16 326**	**19 328**	**21 841**	**20 853**	**19 942**	**18 873**	**15 648**	**16 489**	**17 887**	**20 994**	**10 726**	−48,9 %

* RPT : ressortissants des pays tiers
** RUE : ressortissants de l'Union européenne

		2010	2011	2012	2013	2014	2015	2016	2017	2018	2019	2020 provisoire	Évolution
Éloignements aidés	retours aidés RPT	2 137	2 397	1 988	1 382	1465	1079	809	1 066	2 066	2 752	1 655	– 39,9 %
	renvois aidés RUE	1 159	1202	2 983	518	82	39	32	12	4		3	
Total éloignements aidés (C)		**3 296**	**3 599**	**4 971**	**1 900**	**1 547**	**1 118**	**841**	**1 078**	**2 070**	**2 752**	**1 658**	– 39,8 %
Total éloignements (A) + (B) + (C)		**19 622**	**22 927**	**26 812**	**22 753**	**21 489**	**19 991**	**16 489**	**17 567**	**19 957**	**23 746**	**12 384**	– 47,8 %
Départs volontaires aidés	départs volontaires RPT aidés	2 422	3 923	4 269	3 329	2710	2950	2 504	3 734	4 758	2 512	930	– 63,0 %
	départs volontaires RUE aidés	5 982	6062	5 741	999	220	143	123	44	17	3	0	– 100,0 %
Total départs volontaires aidés (D)		**8 404**	**9 985**	**10 010**	**4 328**	**2 930**	**3 093**	**2 627**	**3 778**	**4 775**	**2 515**	**930**	– 63,0 %
Départs spontanés (E)						**3 187**	**6 512**	**5 591**	**5 438**	**5 544**	**5 143**	**2 635**	– 48,8 %
Total sorties du territoire (A) + (B) + (C) + (D) + (E)		**28 026**	**32 912**	**36 822**	**27 081**	**27 606**	**29 596**	**24 707**	**26 783**	**30 276**	**31 404**	**15 949**	– 49,2 %

(Source : Ministère de l'Intérieur, jeu de données Éloignements 2010-2020)

Chapitre 35 : 28 000 mineurs non accompagnés

Statistiques relatives aux mineurs non accompagnés (MNA)

	2016	2017	2018	2019	2020
MNA confiés aux conseils départementaux par décision de justice	8 054	14 908	17 022	16 760	9 501
MNA accueillis par les conseils départementaux au 31 décembre		20 969	28 411	31 009	nd

(Source : Statistiques du ministère de la Justice)

Chapitre 36 : 8 000 fichés S

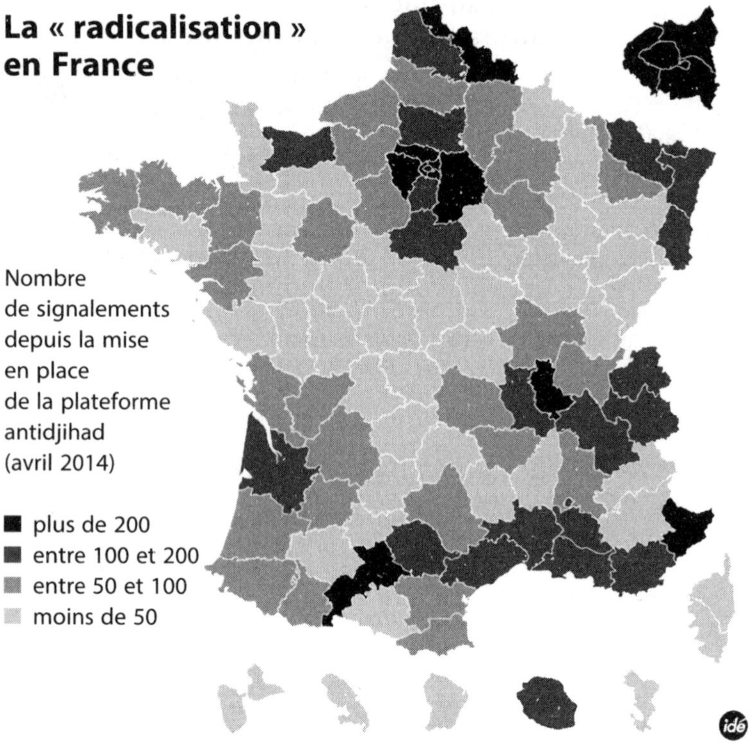

(Source : *Le Figaro*, ministère de l'Intérieur, 2016)

Chapitre 37 : 1,6 % de dépenses de sécurité intérieure

Dépenses des administrations publiques pour la mission « Ordre et sécurité publics » en 2018

	En % du PIB
UE28	1,7
Zone euro	1,7
Belgique	1,7
Allemagne	1,6
Espagne	1,8
France	1,7
Italie	1,8
Pays-Bas	1,8
Suède	1,3
Royaume-Uni	1,8

(Source : Eurostat)

Remerciements

Un immense merci à ma chère Muriel Beyer pour sa confiance sans faille.

Ce livre doit aussi beaucoup aux fidèles Manon Meistermann, Sandrine Gorreri, Samuel-Frédéric Servière, Philippe François, Pierrette François-Morin et Monique Olivet.

Ma reconnaissance va toujours à Charles-Marie Jottras, Olivier Allez, Olivier Tardy, Hugues Tourel, Cédric de Lestrange, Gilles Koleda et à toute l'équipe de la Fondation iFRAP.

Merci à mon époux et à mes filles qui m'ont soutenue au cours des ces mois de rédaction.

Merci aussi à tous ceux que je ne peux pas citer mais sans qui ce livre n'existerait pas.

Table

Partie II
Repoussoir

Partie III
Soumission

Partie IV
Bureaucratie

Partie V
Inactivité

Partie VI
Pauvreté

Partie VII
Insécurité

Composition et mise en pages
Nord Compo à Villeneuve-d'Ascq

Imprimé en France
par DUPLIPRINT
733, rue Saint-Léonard, 53100 Mayenne
février 2022 - N° 2971140Y

DUPLIPRINT est titulaire du label imprim'vert®